Peter Konopka

Entspannung und richtige Atmung

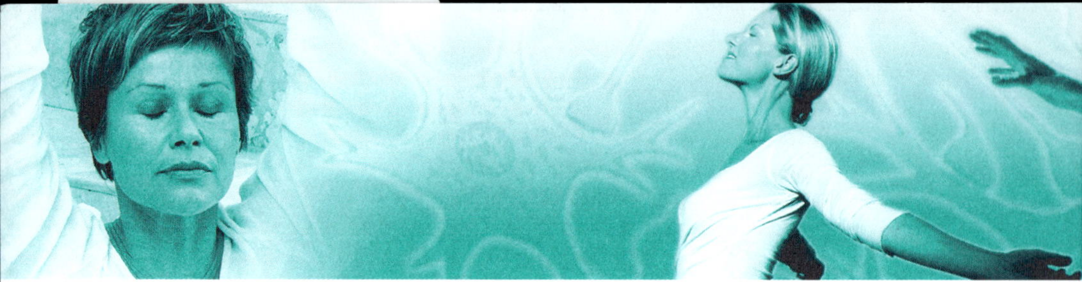

Peter Konopka

Entspannung und richtige Atmung

Der Weg zu Ruhe und Gelassenheit

Econ

Unser Gehirn und Nervensystem – FASZINATION UND RÄTSEL

INHALT

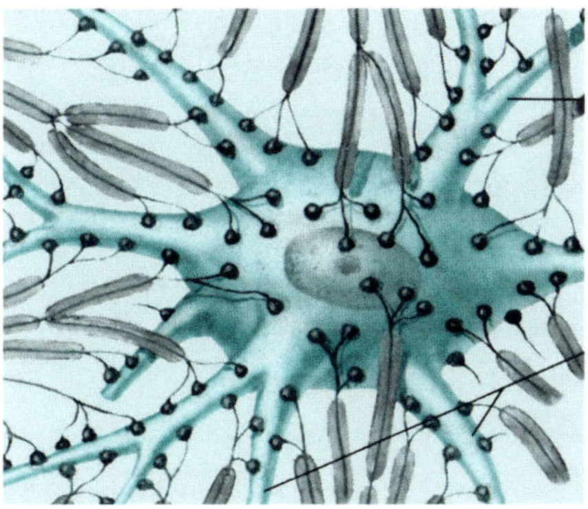

Streß, Entspannung und KREATIVITÄT

INHALT

Die besten ENTSPANNUNGS-METHODEN

Vorwort

Dieses Buch ist ein Blumenstrauß. Viele, viele bunte Blumen, also Informationen über Gehirn und Denken wurden komponiert zu einem bisher einmaligen Gesamtkonzept. Von einem Arzt und Yogalehrer, der in den letzten Jahrzehnten Hunderttausende von Menschen geführt und begeistert hat.

Mein Ratschlag: Pflücken Sie. Greifen Sie einzelne Blüten heraus und genießen Sie. Lesen Sie nach über Neurotransmitter, staunen Sie über das Manifest der 11 führenden deutschen Neurophysiologen, lernen Sie die kümmerliche Rolle unseres Intellektes im Ozean des Unterbewußtseins kennen, verinnerlichen Sie die Macht der Gefühle – Stichwort emotionale Intelligenz.

Nutzen Sie endlich den Streß im positiven Sinne, lassen Sie Entspannung zum Alltag werden, kommandieren Sie Ihre Kreativität, kurz und gut, lassen Sie sich von Dr. Konopka, einem der »Hidden Champions« Deutschlands hinführen zum tiefsten Geheimnis Ihrer Existenz: »The world is what you think it is.« Das Geheimnis der Huna-Priester auf Hawaii.

Diesem geheimnisvollen Wörtchen »think« sind wir Menschen in aller Regel passiv, da unwissend, ausgeliefert – deshalb

Es schwinden, es fallen
Die leidenden Menschen
Blindlings von einer
Stunde zur andern,
Wie Wasser von Klippe
Zu Klippe geworfen,
Jahrlang ins Ungewisse hinab.

Friedrich Hölderlin

Wer »think« aktiv gestaltet, also sein Leben bewußt formt, wird sich dagegen aufschwingen wie ein Adler, der sich tragen läßt von der … Kraft des Windes.

Viel Spaß beim Pflücken
wünscht Ihnen lächelnd
Ihr
Dr. U.Strunz

Einführung

Viele Künstler, Wissenschaftler, Politiker haben in ihrer Lebensmitte und danach ihre besten Kräfte entfaltet. Warum sollten Sie das nicht auch können? Denn dieser Lebensabschnitt kann mit der richtigen geistigen Einstellung und Kenntnis der geistigen Naturgesetze der Ausgangspunkt jahrzehntelanger Rüstigkeit und eines fruchtbaren schöpferischen Wirkens sein. Gerade in dieser Zeit der Reife wird der Mensch für Erkenntnisse und Einsichten aufnahmefähig, für die er in der Jugend noch keine Antenne hatte.

Dieses Buch befaßt sich – ausgehend von den anatomischen Grundlagen unseres Nervensystems und dem Wissensstand der modernen Hirnforschung – mit der Zeitlosigkeit unseres inneren Wesens. Wahre Ganzheitlichkeit ist nur möglich, wenn man sich persönlich eine eigene Vorstellung von Körper, Seele und Geist machen kann. Dabei sollte die moderne Wissenschaft in dieses Menschenbild mit einbezogen sein, damit man immer auf dem Boden der Tatsachen bleibt. Dabei ist es erstaunlich, wie eng die Grenzen der modernen Neurowissenschaft gesteckt sind, weil man nicht wagt, den Boden der Materie zu verlassen. Um jedoch Phänomene wie Bewußtsein, Gedanken, Gefühle, Kreativität, Ideen und Einfälle, aber auch Streß und Streßabbau, Entspannung, Konzentration und vielleicht auch Meditation als moderner Mensch richtig und seriös zu verstehen und zu praktizieren, muß man über die Grenze der Materie hinausgehen. Das hat auch Einstein getan – und er ist dabei trotzdem Wissenschaftler geblieben.

Der Mensch in der Lebensmitte ist reif genug, sich aufgrund seiner Erfahrungen und Erkenntnisse ein eigenes Menschenbild zu machen und dadurch seine Lebensaufgaben von innen heraus im schöpferischen Sinne zu meistern. Dazu möchte dieses Buch einen Beitrag leisten.

Ihr
Dr. med. Peter Konopka

Unser Gehirn und Nervensystem – FASZINATION UND RÄTSEL

Neueste Erkenntnisse der Hirnforschung zeigen: Wir können unser Gehirn wie einen Skelettmuskel trainieren. Und das in jedem Lebensalter. Eine Chance, die wir, vor allem in der Lebensmitte, nutzen sollten. Auch beim Gehirn gilt: Die Funktion erhält die Form.

»

Die Anatomie des Gehirns

Das Denken findet im Gehirn statt. Das Denkorgan des Menschen ist ein hochempfindliches Organ. Das mittlere Gehirngewicht beträgt beim Mann etwa 1370 Gramm, bei der Frau etwa 1250 Gramm – bereits ein Hinweis darauf, daß es nicht nur auf das Gewicht des Gehirns ankommt, sondern auch auf seine Qualität! Das Gehirn bildet zusammen mit dem Rückenmark das zentrale Nervensystem (ZNS) und ist das Zentrum für alle Sinneswahrnehmungen und alle willkürlichen Handlungen. Es ist der Sitz des Bewußtseins, des Gedächtnisses und aller geistigen und seelischen Leistungen und liegt geschützt in der Schädelhöhle. Außen wird es von Gehirnflüssigkeit umgeben, so daß dieses wertvolle Organ nicht nur durch die Schädelknochen, sondern auch durch einen Flüssigkeitsmantel gegen Gewalteinwirkungen von außen geschützt wird. Das Gehirn wird durch zwei Schlagadern (Arterien) mit Blut versorgt, vorne von der inneren Halsschlagader (Arteria carotis interna) und hinten von der Wirbelsäulenschlagader (Arteria vertebralis). Diese beiden Arterien vereinigen sich an der Gehirnbasis zu einem Gefäßkomplex (Circulus arteriosus Willisii), um das gesamte Gehirn mit Blut und Sauerstoff zu versorgen.

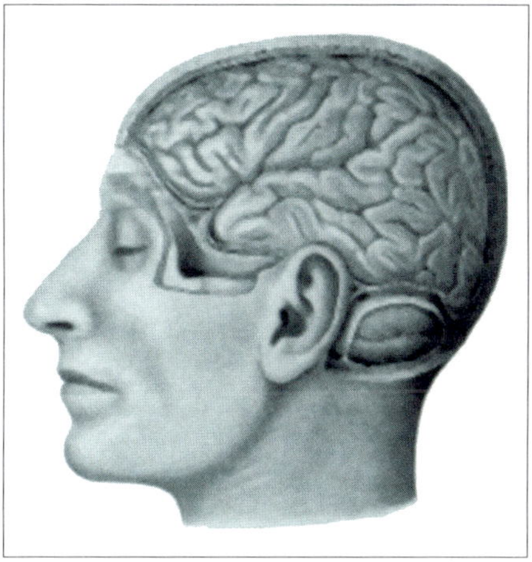

Das Gehirn des Menschen

Der wichtigste Teil des Gehirns ist das Großhirn. Nur beim Menschen hat es sich zu einer solchen Größe und Leistungsfähigkeit entwickelt. Es besteht aus etwa 20 Milliarden Nervenzellen. Die äußere

Begrenzung des Großhirns ist die Großhirnrinde. Wie ein Mantel bedeckt die aus grauen Nervenzellen bestehende Großhirnrinde (graue Substanz) die übrigen darunterliegenden, meist aus Nervenfasern (weiße Substanz) bestehenden Hirnteile. Im Laufe der Entwicklung hat sich die Gehirnoberfläche (Großhirnrinde) immer mehr vergrößert, so daß immer mehr »Gehirnfalten« in Form von Gehirnwindungen und Gehirnfurchen entstanden sind. In die Marksubstanz des Gehirns sind graue Kerngebiete, die Stammganglien, eingelagert. Die beiden Großhirnhälften sind durch eine breite Nervenfaserplatte, den sogenannten Balken, miteinander verbunden.

Das zwischen den beiden Großhirnhälften gelegene Zwischenhirn enthält die Zentren für die Wahrnehmung der Sinneseindrücke und den sogenannten Hypothalamus, die Steuerzentrale für das vegetative (autonome) Nervensystem und das Hormonsystem.

Zwischen dem Zwischenhirn und dem Hinterhirn liegt das Mittelhirn mit Zentren für Bewegung und einer Art »Meldesammelstelle« für Sinneswahrnehmungen.

Das Hinterhirn besteht aus einem Verbindungsstück (Brücke) zwischen Mittelhirn und verlängertem Mark und dem Kleinhirn, das wie das Großhirn aus zwei Hälften besteht und vor allem für die unbewußte Steuerung der Muskelspannung, des Lagegefühls im Raum und für das Gleichgewicht verantwortlich ist.

Unterhalb des Kleinhirns geht das Gehirn in das verlängerte Mark oder Nachhirn über, das die Verbindung zum Rückenmark herstellt. Das verlängerte Mark ist der empfindlichste Teil des zentralen Nervensystems. Hier liegen Nervenzentren so dicht zusammen, daß bis heute kein Chirurg daran operieren kann. Hier liegen auch die Zentren für automatisch ablaufende Vorgänge wie Herzschlag, Atmung und Stoffwechsel. Außerdem werden von hier die verschiedenen Reflexe gesteuert.

Ein wichtiges Randgebiet zwischen Großhirn und Hirnstamm ist das sogenannte Limbische System. In diesem System spielen sich die gemütsbedingten Antriebe ab sowie die Mechanismen für die Selbsterhaltung (Ernährung, Verteidigung, Angriff) und der Art-

erhaltung (Sexualität). Außerdem werden von diesem System die vegetativen und hormonellen Regulationen beeinflußt.

Durch moderne bildgebende Verfahren, wie zum Beispiel mit dem PET-Gerät (Positronen-Emissions-Tomograph), kann man heute nicht nur gestaltliche Veränderungen des Gehirns genau erfassen, sondern auch funktionelle Abläufe beobachten. Dadurch gewinnt man zunehmend neue Erkenntnisse über die Funktionsweise des Gehirns.

Die Anatomie des Nervensystems

Das Nervensystem ist neben dem Hormonsystem zuständig für die Steuerung der Körperfunktionen. Während aber das Hormonsystem erst über die Freisetzung der entsprechenden Hormone zeitlich verzögert auf den Organismus einwirkt, leitet das Nervensystem Informationen sehr rasch an die Organe weiter. Dadurch kann der Organismus blitzschnell reagieren.

Das Nervensystem durchzieht mit seinen 100 Milliarden Nervenzellen wie ein Netzwerk den gesamten Körper und versorgt alle Körperzellen mit Nervenenergie. Es ermöglicht uns, mit unserem Geist in unseren Körper hineinzuwirken und auf diese Weise die Lebensvorgänge zu steuern. Außerdem ist das Nervensystem der Vermittler zur Umwelt, indem es Sinneswahrnehmungen weiterleitet, auswertet, deutet und speichert sowie eine Reizantwort ermöglicht. Nur auf diese Weise kann der Mensch gezielt reagieren und bewußt handeln.

Das Nervensystem setzt sich zusammen aus dem zentralen Nervensystem (ZNS) mit Gehirn und Rückenmark und dem peripheren Nervensystem, das Impulse in die Peripherie des Körpers hinaussenden und auch von dort empfangen kann. Dementsprechend unterscheidet man motorische Nervenbahnen, die die Muskeln und Drüsen versorgen, und sensorische Nervenbahnen, die von den Sinnes- und inneren Organen herkommen. Von der funktionellen Betrachtungsweise her unterscheidet man zusätzlich einen Anteil des Nervensystems, der dem Willen gehorcht (willkürliches, animales oder somatisches Nervensystem), und einen anderen Anteil, der vom Willen nicht unmittelbar beeinflußt werden kann (unwillkürliches oder vegetatives Nervensystem).

Das periphere Nervensystem

Zum peripheren Nervensystem rechnet man die Nerven, die direkt aus dem Gehirn kommen (Hirnnerven), und die Nerven, die aus dem Rückenmark in der Wirbelsäule entspringen (Spinalnerven).

Die Spinal- oder Rückenmarksnerven verlassen die Wirbelsäule durch die sogenannten Zwischenwirbellöcher und verzweigen sich dann. Sie bilden Nervenbahnen, die einerseits zur hinteren und andererseits zur vorderen Körperseite führen. Die hinteren Äste der Spinalnerven ziehen als sensible Fasern zur Haut des Rückens und als motorische Fasern zur tiefen Muskulatur im Rückenbereich. Die vorderen Äste verzweigen sich und bilden Nervengeflechte entlang der Wirbelsäule. Aus diesen Nervengeflechten (Nervenplexus) ziehen dann einzelne Nerven zu den Armen und Beinen. Das Halsgeflecht (Plexus cervicalis) sendet motorische Nervenfasern zu Hals und Schultern und empfängt sensible Fasern von der Haut des Halses und des Schulterbereiches. Das Brustgeflecht (Plexus thoracalis) versorgt die Brustorgane und das Lendengeflecht (Plexus lumbalis) die äußeren Geschlechtsorgane sowie die Hautgebiete und die Streck-

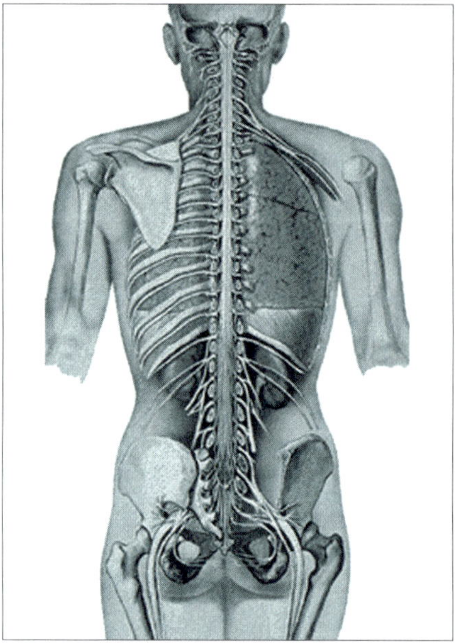

Zentrales (Gehirn und Rückenmark) und peripheres Nervensystem mit Nervenfasern zu allen Zellen, Geweben und Organen

muskulatur der Beine. Das Kreuzbeingeflecht (Plexus sacralis) versorgt das Gesäß und die Beine mit Nervenfasern. Sein wichtigster Nerv ist der Ischiasnerv, der sich vom Gesäß über die Rückseite der Oberschenkel bis zur Außenseite der Füße erstreckt. Das Steißbeingeflecht (Plexus coccygicus) schließlich sendet Nervenfasern zu den äußeren Geschlechtsorganen und zu den Beckenorganen.

Das vegetative Nervensystem

Die Unterscheidung in ein willkürliches und ein unwillkürliches oder vegetatives Nervensystem trifft nach wie vor zu, aber man weiß inzwischen, daß diese beiden Abteilungen des Nervensystems auch anatomisch und physiologisch in einem engen Zusammenhang stehen. Auch wird das unwillkürliche Nervensystem durch unser Bewußtsein sowohl negativ (negativer Streß, negative Kritik, Ärger, Haßgefühle, Aggressionen und so weiter) wie aber auch positiv (gute Gedanken und Gefühle, Freude, Begeisterung, Optimismus und Entspannung) beeinflußt. Das willkürliche (animale oder somatische) Nervensystem regelt die Beziehungen des Organismus zur Außenwelt. Das unwillkürliche (vegetative) Nervensystem steuert die inneren Lebensfunktionen wie Atmung, Verdauung, Stoffwechsel und Drüsentätigkeit.

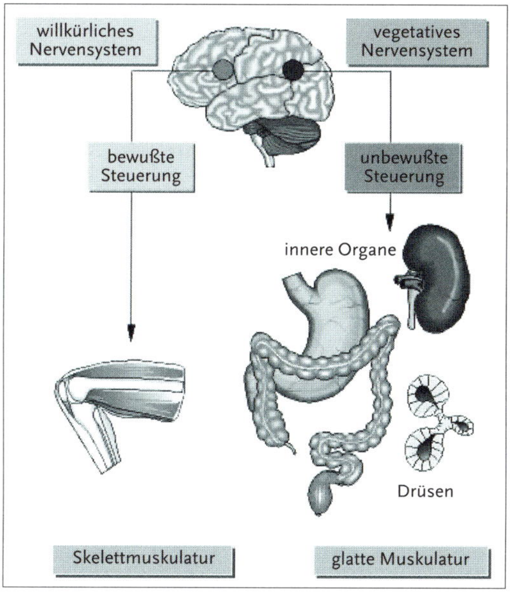

Das willkürliche und das unwillkürliche (vegetative) Nervensystem

Es läßt sich in zwei Systeme unterteilen, die auf die inneren Lebensfunktionen anregend (sympathisches Nervensystem) und beruhigend (parasympathisches Nervensystem oder Nervus vagus) wirken.

Sympathikus

Die Nervenfasern des sympathischen Nervensystems ziehen von den Kernen der grauen Substanz, die sich im Rückenmark der unteren Brustwirbel- und oberen Lendenwirbelsäule befinden, zu den Organen, die der Sympathikus beeinflußt. Sie verdichten sich zu Nervenzellansammlungen, den sogenannten Grenzstrangganglien, die entlang der Wirbelsäule verlaufen. Die Erregung des sympathischen Nervensystems führt zu einer Umschaltung des gesamten Organismus in Richtung Alarmbereitschaft und Leistungssteigerung. Über das sympathische Nervensystem ist der Mensch in der Lage, sofort und schnell auf eine erhöhte Aktivität, eine sofortige Abwehr- und Kampfbereitschaft sowie auf eine schnelle Meisterung von Streßsituationen umzuschalten. Aber auch Freude und Begeisterung wirken in das sympathische Nervensystem hinein. Es kann zum Beispiel Glykogen (gespeicherte Kohlenhydrate) in der Leber mobilisieren, so daß dem Organismus Zucker zur Energiegewinnung zur Verfügung gestellt wird. Durch eine beschleunigte Atmung und eine Steigerung der Herztätigkeit mit erhöhter Blutzirkulation wird der Körper mit mehr Sauerstoff und Nährstoffen versorgt. Gleichzeitig reguliert das sympathische Nervensystem Organfunktionen herunter, die für die akut erhöhte Leistungsfähigkeit nicht notwendig sind, wie zum Beispiel die Tätigkeit des Darmes.

Parasympathikus

Die Nervenzentren des Parasympathikus befinden sich im Bereich des Kopfes sowie auch im Beckenbereich. Die parasympathischen Nervenzentren des Kopfes liegen im Stammhirn und verlaufen gemeinsam mit den Hirnnerven zu den parasympathischen Ganglien entlang der Wirbelsäule. Im Bekkenbereich liegen die parasympathischen Zentren im unteren Rükkenmarksabschnitt (Sakralmark). Der parasympathische Anteil des vegetativen Nervensystems (Nervus vagus) wirkt als Gegenspieler des sympathischen Nervensystems und beeinflußt die Erholung und Regeneration des Körpers, wie zum Beispiel Ruhe, Schlaf, Aufbau der Körpergewebe und Energiereserven. Um dieses Ziel zu erreichen, verlangsamt das parasympathische Nervensystem die Atmung und die Herztätigkeit und fördert andererseits zum Beispiel die Tätigkeit des Darmes und der Verdauungsdrüsen sowie auch den Aufbau von Glykogen in der Leber.

Diese beiden, einander entgegenwirkenden Anteile des vegetativen Nervensystems funktionieren normalerweise in gegenseitiger Abstimmung, je nachdem wie es die jeweilige Lebenssituation erfordert. Durch eine einseitige, streßbetonte Lebensweise kann es jedoch zu einer Störung im Gleichgewicht dieser beiden Anteile des vegetativen Nervensystems kommen, wobei man in der Medizin dann von einer vegetativen Dystonie spricht.

INFO GESUNDHEIT

Nervensystem und Wirbelsäule

Die Wirbelsäule ist nicht nur aus orthopädischer Sicht wichtig – sondern vor allem wegen ihrer Beziehung zum gesamten Nervensystem. Das zentrale Nervensystem mit Gehirn und Rückenmark ist die Energiezentrale des Körpers. Über die Nervenfasern, die alle aus dem Rückenmark entspringen, und über die Nervengeflechte entlang der Wirbelsäule werden alle Körperzellen, Gewebe und Organe mit Nervenenergie versorgt. Diese Versorgung mit Nervenenergie ist fast noch wichtiger als die Versorgung mit Sauerstoff und Nährstoffen durch die Blutgefäße. Daher ist es sehr wichtig, immer und rechtzeitig auf eine gesunde Wirbelsäule zu achten, damit die Nervenenergie frei fließen kann.

Neurotransmitter – Botenstoffe im Nervensystem

Die Impulse im Nervensystem werden sowohl durch elektrische Potentiale wie auch durch Botenstoffe weitergeleitet, den sogenannten

Neurotransmittern, die von den Nervenzellen aus den Eiweißbausteinen (Aminosäuren) der Nahrung selbst hergestellt werden. Eine Nervenzelle, die mit einer anderen Nervenzelle über Verknüpfungspunkte (Synapsen) verbunden ist, stellt meist mehrere verschiedene Neurotransmitter her, je nach dem Zweck, der mit ihnen erreicht werden soll. Neurotransmitter wirken auch auf unser Befinden. So sorgt zum Beispiel der Neurotransmitter Serotonin dafür, daß wir uns wohl fühlen und gut gestimmt sind. Es ist daher wichtig, daß Neurotransmitter immer in ausreichender Menge zur Verfügung stehen. Die Produktion dieser wichtigen Botenstoffe des Nervensystems kann durch Krankheiten, aber auch durch das Fehlen wichtiger Mikronährstoffe in der Nahrung gestört werden. Das führt dann zu Stimmungsveränderungen, schlechter Laune oder zu körperlichen Beschwerden. Die wichtigsten Botenstoffe des Nervensystems (Neurotransmitter) sind Acetylcholin, Noradrenalin, Serotonin, Gamma-Aminobuttersäure und Dopamin. Ergänzt werden diese Neurotransmitter durch eiweißhaltige Stoffe (Neuropeptide), die die Informationsübermittlung der Nervenzellen im Gehirn beeinflussen. Zu diesen Neuropeptiden gehören zum Beispiel die Endorphine, die dafür sorgen, daß wir weniger Schmerzen empfinden und uns wohl und glücklich fühlen.

Erkenntnisse der modernen Hirnforschung

Nachdem wir nun die Anatomie des Gehirns und des Nervensystems kurz skizziert haben, wollen wir auch wissen: Wie funktioniert es? Die Antwort darauf soll uns zunächst die moderne Hirnforschung geben, die noch vor der Genforschung der wichtigste Zweig der Wissenschaften der Zukunft sein wird.

Es ist ein Glücksfall für dieses Buch, daß gerade jetzt führende Hirnforscher ein Manifest (s. Literaturverzeichnis Zeitschrift *Gehirn & Geist,* Nr. 6, 2004) veröffentlicht haben, in dem sie zu folgenden spannenden Fragen der Hirnforschung Stellung nehmen:

- Was wissen und können Hirnforscher heute?
- Was wissen und können Hirnforscher in zehn Jahren?
- Was werden Hirnforscher eines Tages wissen und können?

Wir wollen uns im folgenden mit der Quintessenz dieses Manifestes befassen, um uns ein Bild vom derzeitigen Wissensstand der Hirnforschung und ihren zukünftigen Erwartungen zu machen. Das soll dann die Basis für unsere weiteren Überlegungen sein.

GUT ZU WISSEN

»Das Gehirn ist das größte Wunder des uns bisher bekannten Universums.«
Prof. Dr. W. Hollmann

Dieser Ausspruch eines großen Sportmediziners und Hirnforschers bringt zum Ausdruck, daß wir das menschliche Gehirn mit seinen Funktionen bewundern – ohne es in seiner Vollkommenheit zu kennen.

Was wissen und können Hirnforscher heute?

Die Hirnforschung hat in den letzten Jahren einen enormen Aufschwung genommen. Dadurch entsteht manchmal der Eindruck, daß man kurz davor steht, dem Gehirn seine letzten Geheimnisse zu entreißen. Obwohl es erstaunliche Fortschritte in der Hirnforschung gibt, werden aber auch die Grenzen ihrer Möglichkeiten offenbar. Grundsätzlich kann die Neurobiologie mit ihren Untersuchungsmethoden das Gehirn auf drei verschiedenen Ebenen untersuchen:

- Die oberste Ebene erklärt die Funktion bestimmter Hirnbereiche, zum Beispiel der Großhirnrinde mit ihren Gehirnbezirken für Bewegung, Hören, Sehen oder Sprechen.
- Die mittlere Ebene beschreibt, wie Verbände von Nervenzellen miteinander kommunizieren
- Die unterste Ebene befaßt sich mit der Funktionsweise einzelner Zellen bis hin zur Funktion einzelner Moleküle innerhalb der Nervenzellen.

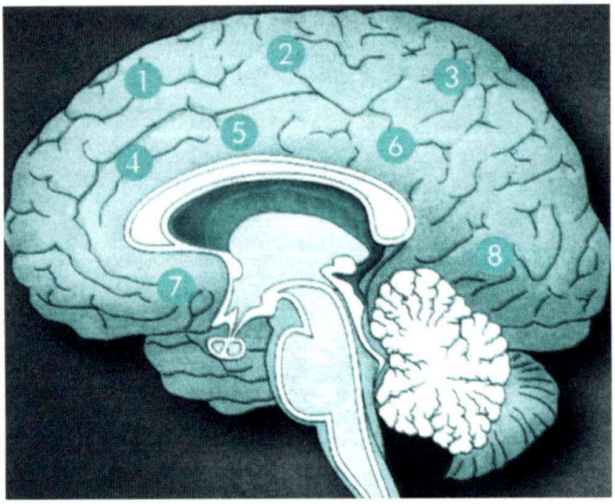

Die wichtigsten Abschnitte und Regionen des Gehirns
1 Psyche, 2 Motorik, 3 Empfindungen, 4 Sprachzentrum, 5 Hörzentrum, 6 Lesezentrum, 7 Gefühle, 8 Sehzentrum

Die größten wissenschaftlichen Fortschritte bei der Erforschung des Gehirns wurden bisher nur auf der obersten und der untersten Ebene erzielt, während man auf der mittleren Ebene, vor allem bei der Frage, wie die Nervenzellen in einem größeren Verband miteinander kommunizieren, noch nicht so recht weitergekommen ist. Es waren besonders die modernen bildgebenden Verfahren – wie zum Beispiel die Positronen-Emissions-Tomographie (PET) und die funktionelle Magnetresonanz-Tomographie (fMRT) sowie die Magnet-Enzephalographie (MEG) –, die der Hirnforschung Aufschluß über bestimmte Regionen des Gehirns gegeben haben. Werden diese bildgebenden Verfahren miteinander kombiniert, kann man das Zusammenspiel verschiedener Hirnbezirke gut darstellen und beobachten, was im Gehirn geschieht, wenn wir zum Beispiel Sprache verstehen, Bilder erkennen, Töne wahrnehmen, Musik verarbeiten,

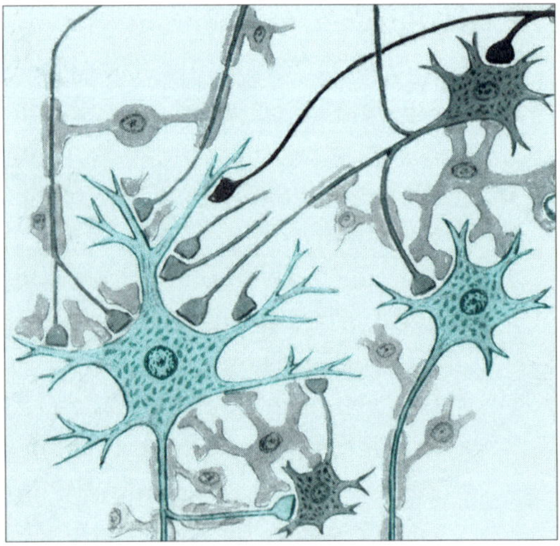

Untereinander vernetzte Nervenzellen

uns an irgend etwas erinnern, bestimmte Gefühle empfinden oder Handlungen planen. Zumindest hat die Hirnforschung durch diese neuen bildgebenden Verfahren einen bisher nicht möglichen Einblick in komplexe Funktionen des Gehirns auf der obersten Organisationsebene gewonnen.

Auch im mikroskopischen und molekularen Bereich gibt es völlig neue und neuartige Methoden, die zu einem Erkenntnissprung auf der untersten neuronalen Organisationsebene des Gehirns geführt haben. So weiß man inzwischen sehr viel mehr über Rezeptoren (Andockstellen) und Ionenkanäle der Zellmembranen der Nervenzellen, und wie die Botenstoffe des Nervensystems (Neurotransmitter, Neuropeptide, Neurohormone) funktionieren. Selbst was in einer einzelnen Nervenzelle passiert, kann man analysieren und mit Computermodellen nachahmen. Dadurch hat man gelernt, die Arbeitsweise von Sinnesorganen und Nervensystem besser zu verstehen und die Grundlage für eine gezielte Behandlung bestimmter neurologischer und psychischer Erkrankungen geschaffen.

Es besteht also kein Zweifel darüber, daß man heute sehr viel mehr über das Gehirn weiß als noch vor zehn Jahren. Aber es klafft noch eine große Erkenntnislücke über die mittlere Organisationsebene des Gehirns. Man weiß so gut wie kaum etwas darüber, wie kleinere und größere Zellverbände miteinander kommunizieren. Das wäre aber die Grundlage dafür, die Funktionsweise des Gehirns auf der obersten Ebene zu verstehen. Unbekannt sind die Abläufe, wenn Millionen oder gar Milliarden von Nervenzellen miteinander »reden«. Völlig offen sind zum Beispiel Fragen wie:

- Nach welchen Regeln arbeitet das Gehirn überhaupt?
- Wie kann es die Welt so abbilden, daß unmittelbare Wahrnehmung und frühere Erfahrungen miteinander verschmelzen?
- Wie kann es unsere Tätigkeit als eigene Tätigkeit erleben – und wie kann es zukünftige Handlungen planen?

INFO GESUNDHEIT

Die Erkenntnisse der Hirnforschung sind erstaunlich – aber es sind bisher nur Beschreibungen bestimmter Funktionen, die nichts über ihre Ursachen aussagen. Wenn man aus den Beschreibungen der Gehirnfunktionen auf ihre Ursache schließen würde, wäre das etwa so, als versuchte man die Funktionsweise eines Computers zu ergründen, indem man seinen Stromverbrauch mißt, während er verschiedene Aufgaben bearbeitet.

Alle diese Fragen kann die Hirnforschung noch nicht beantworten – nicht einmal im Ansatz. Außerdem ist überhaupt nicht klar, wie man dies mit den heutigen Mitteln jemals erforschen könnte.

Die Hirnforschung ist zwar weit fortgeschritten, aber sie ist bescheiden genug, zuzugeben, wo ihre Grenzen liegen. Es ist zwar interessant, wenn man bestimmte Aktivitätszentren im Gehirn mit bestimmten Funktionen oder Tätigkeiten des Menschen in Einklang bringen kann. Aber diese Erkenntnisse sind nichts weiter als Beschreibungen – und Beschreibungen sind keine Erklärungen.

Die Plastizität des Gehirns

Zu den eindrucksvollsten Erkenntnissen der Hirnforschung gehört es, daß man erkannt hat, wie groß die Anpassungsfähigkeit und Lernfähigkeit des Gehirns ist. Die überraschendste Erkenntnis dabei ist, daß Anpassungsfähigkeit und Lernfähigkeit des Gehirns zwar mit dem Alter abnehmen – aber bei weitem nicht so stark, wie man bisher angenommen hat. Lange Zeit dachte man, die Hirnentwicklung sei irgendwann in der Jugend abgeschlossen, und die Nervenzellen seien dann vernetzt. Inzwischen steht aber fest, daß sich bei entsprechender Beanspruchung auch bei Erwachsenen noch neue Verknüpfungsstellen (Synapsen) und neue Verschaltungen zwischen den Nervenzellen bilden können. Außerdem können für bestimmte Aufgaben zusätzliche Hirnabschnitte mobilisiert werden. Seit einigen Jahren weiß man, daß sich sogar im erwachsenen Gehirn noch neue Nervenzellen bilden können. Diese lebenslange Anpassungsfähigkeit

GUT ZU WISSEN

Die Plastizität des Gehirns
Die Anpassungsfähigkeit und Lernfähigkeit des Gehirns bleibt das ganze Leben lang erhalten. Das Gehirn ist trainierbar wie ein Skelettmuskel. Diese Tatsache ist Verpflichtung und Chance zugleich. Man sollte und kann das Gehirn das ganze Leben lang trainieren; denn genau wie beim Skelettmuskel gilt auch beim Gehirn der Trainingsgrundsatz: Die Funktion erhält die Form!

und Lernfähigkeit des Gehirns bezeichnet man als Plastizität. Dank dieser Plastizität kann Hans also durchaus noch das lernen, was Hänschen nicht gelernt hat – auch wenn es mit den Jahren vielleicht etwas schwerer fällt.

Was wissen und können Hirnforscher in zehn Jahren?

Weitere Fortschritte in der Hirnforschung sind abhängig von der Entwicklung neuer Untersuchungsmethoden. Denn das »Wo« im Gehirn sagt nichts über das »Wie«. Vor allem folgende Fragen werden die Hirnforschung beschäftigen:

- Was ist das menschliche Bewußtsein, und wie entsteht das Ich-Erleben?
- Wie werden rationales (Vernunft) und emotionales (Gefühl) Handeln miteinander verknüpft?
- Gibt es einen freien Willen?

Um diese Fragen zu beantworten, müßte man noch wesentlich mehr über die Funktionsweise des Gehirns wissen. Am Ende dieser Bemühungen werden die Neurowissenschaften erst das kleine »Einmaleins« des Gehirns verstehen. Erst daraus werden sich dann Hypothesen zum Studium übergeordneter Hirnfunktionen ableiten lassen.

Der wichtigste praktische Nutzen der Hirnforschung wird aber vermutlich mehr in der gezielten Vorbeugung und Behandlung von Hirnerkrankungen liegen. So wird man zum Beispiel Erkrankungen wie Morbus Alzheimer, Morbus

Parkinson, Schizophrenie und Depression besser verstehen, schneller erkennen, vielleicht verhindern oder zumindest wesentlich besser behandeln können. Außerdem wird es sogenannte Neuro-Prothesen geben, wie zum Beispiel intelligente Ersatzgliedmaßen oder ein künstliches Ohr oder eine künstliche Netzhaut.

Was werden Hirnforscher eines Tages wissen und können?

Man wird dann vielleicht mehr wissen über Geist, Bewußtsein, Gefühle und die Einschränkung oder die Freiheit des Willens, indem man ihren Zusammenhang mit neuro-elektrischen und neuro-chemischen Prozessen erforscht. Die Hirnforscher sind sich jedoch schon heute klar darüber, daß man die Arbeit des menschlichen Gehirns niemals vollständig erklären können wird. Insbesondere wird es nicht möglich sein, das individuelle Bewußtsein eines Menschen vollständig zu beschreiben und aus dieser Erkenntnis heraus etwa sein Verhalten in einer bestimmten Situation vorauszusagen. Denn einzelne Gehirne organisieren sich aufgrund genetischer Unterschiede und durch Umwelteinflüsse auf sehr unterschiedliche Weise. Das macht es unmöglich, aus einer bestimmten Hirnaktivität auf bestimmte psychische Vorgänge zu schließen. Man möchte fast sagen: Gott sei Dank! Die Hirnforschung wird klar unterscheiden müssen, was sie aussagen kann – und was außerhalb ihres Zuständigkeitsbereiches liegt.

GUT ZU WISSEN

Bekenntnis der Hirnforschung

»Denn auch eine Fuge von Bach verliert nichts von ihrer Faszination, wenn man genau verstanden hat, wie sie aufgebaut ist. Die Hirnforschung wird klar unterscheiden müssen, was sie sagen kann und was außerhalb ihres Zuständigkeitsbereiches liegt, so wie die Musikwissenschaft – um bei diesem Beispiel zu bleiben – zu Bachs Fuge einiges zu sagen hat, zur Erklärung ihrer einzigartigen Schönheit aber schweigen muß.«

»Gehirn & Geist«, Nr. 6, 2004

Eine neue Rahmentheorie ist notwendig

Der Mensch verliert sich auch in der Hirnforschung in der Materie, weil er gewohnt ist, in und mit der Materie zu forschen. Die Wahrnehmungsfähigkeit der menschlichen Sinne und des menschlichen Intellektes sind jedoch begrenzt. Starr und stur in der Materie zu verharren, nur weil man sich in ihr gut auskennt, erinnert an das Verhalten jenes Mannes, der seinen Hausschlüssel unter einer Laterne suchte – obwohl er ihn ganz woanders verloren hatte. Aber unter der Laterne war eben mehr Licht. Die Wissenschaft hat keine Erfahrungen mit anderen Dimensionen außer mit denen der Materie. Und da ist eben der Geist nicht zu finden; denn der Geist ist hinter der Materie und benutzt sie, um sich in dieser Welt auszudrücken und zu entwickeln. Die Materie ist Mittel zum Zweck des Geistes – aber nicht seine Ursache. Das ahnt auch die Hirnforschung und sucht nach einer Erkenntnistheorie, in deren Rahmen sich alle modernen Erkenntnisse einfügen und erklären lassen. Wir brauchen dabei die Hirnforschung, um auf festem Boden zu stehen, den wir gewohnt sind, aber wir müssen auch über die Grenzen der Materie hinausgehen, wenn wir den menschlichen Geist und das menschliche Bewußtsein wirklich verstehen wollen. Dazu brauchen wir ein Denkmodell, das einerseits alle Dimensionen des menschlichen Wesens umfaßt, auf dem Boden der modernen Wissenschaft steht, und andererseits auch die Erfahrungen mit einbezieht, die von den Weisheitslehrern der Menschheit sozusagen im Laboratorium des Geistes gemacht wurden. Erst die Kombination dieser beiden Erkenntniswege wird unser Menschenbild erweitern und uns der Wahrheit näherbringen. Ein solches Denkmodell muß plausibel und praktikabel sein. Außerdem muß es sowohl mit der Wissenschaft als auch mit unseren Erfahrungen übereinstimmen. Wir wollen diesen Versuch im nächsten Kapitel unternehmen und werden dabei feststellen: Es ist eigentlich ganz einfach.

Der Mensch ist Geist

Das Problem der Hirnforschung

Die moderne Hirnforschung hat ein großes Problem: Alle Gehirne sehen so gut wie gleich aus! Inzwischen hat man zahllose Gehirne untersucht – von Genies, Philosophen und sogar von Verbrechern – also von Menschen unterschiedlichster Art, aber man hat im Gehirn keine wesentlichen Unterschiede feststellen können, die auch nur im entferntesten die Unterschiede der menschlichen Persönlichkeiten als Ursache hätten erklären können. Auch das Gehirn von Einstein wurde untersucht – und auch dieses Gehirn unterscheidet sich nicht von anderen Gehirnen, abgesehen vielleicht von einer etwas dichteren Vernetzung der Gehirnzellen. Es ist unmöglich, aus Form, Gestalt und Funktion des Gehirns eines Menschen auf dessen Geist, Bewußtsein und Persönlichkeit zu schließen – genauso wie man aus der Gestalt und Funktion einer Geige nicht auf den Geigenspieler rückschließen kann. Und doch wird nach wie vor in allen Wissenschaften – Hirnforschung, Medizin, Psychiatrie, Psychologie, Biologie usw. – die Meinung vertreten, daß das Gehirn den Geist des Menschen produziert, wie etwa die Bauchspeicheldrüse die Verdauungssäfte hervorbringt. Wie aber soll es möglich sein, daß ein immer gleich aussehendes Organ wie das Gehirn über sechs Milliarden unterschiedliche Persönlichkeiten »produzieren« soll? Ganz abgesehen davon, daß es mit einer derartigen Vorstellung unmöglich ist, den Zusammenhang zwischen Körper, Seele und Geist zu erklären. Außerdem ist es mit dieser Vorstellung auch unmöglich, mit dem Menschen ganzheitlich umzugehen, was uns ja in der heutigen Zeit immer wichtiger erscheint. Und schließlich würde auch jede Art von Religion ad absurdum geführt – das Ur-Bedürfnis des Menschen nach Rückverbindung mit der Quelle seines Daseins.

Durch moderne bildgebende Verfahren wie die erwähnte PET-Untersuchung (Positronen-Emissions-Tomographie) kann man viele Vorgänge im Gehirn sichtbar machen. So könnte man zum Beispiel auch einen Liebestest durchführen: Man zeigt der zu untersuchenden Person einfach ein Bild seiner Frau, Freundin oder Lebensgefährtin und beobachtet, in welchen Hirnregionen sich dabei etwas abspielt. Und tatsächlich: Wenn man eine bestimmte Person besonders liebt, werden bei dem Gedanken an diese Person bestimmte Hirnregionen aktiviert, und es laufen auch bestimmte meßbare chemische Reaktionen ab. Wenn ein Wissenschaftler davon ausgeht, daß das Gehirn den Geist produziert, wird er aus diesem »Liebestest« schließen, daß auch ein Gefühl wie die Liebe chemisch hervorgerufen wird. Wenn aber alles im Gehirn chemisch ausgelöst wird – wie will man dann zum Beispiel den freien Willen des Menschen erklären? Und ich muß mir auch selbst die Frage stellen: Wurde dieses Buch durch irgendwelche chemischen Vorgänge meines Gehirns geschrieben – oder habe ich es selbst geschrieben? Trotz aller wissenschaftlichen Erkenntnisse und bildgebender Verfahren habe ich nach wie vor das Gefühl, daß ich selbst das Buch geschrieben habe. Ich habe mein Gehirn zu diesem Zweck benutzt – wie ein Instrument.

Das Problem der Genforschung

Erstaunlicherweise hat die Genforschung das gleiche Problem: Das Erbgut oder Genom des Menschen ist zwar entschlüsselt – aber es sieht bei allen Menschen fast gleich aus. Sogar zu dem Genom eines Schimpansen findet sich nur ein minimaler Unterschied von Bruchteilen eines Prozentes. Das menschliche Erbgut enthält geschätzt etwa 30 000 bis 40 000 Gene oder mehr, die sich aus insgesamt etwa drei Milliarden Basenpaaren zusammensetzen. Aus der genauen Kenntnis des menschlichen Erbgutes erhoffen sich die Wissenschaftler vor allem neue Möglichkeiten der Früherkennung und Behandlung von Krankheiten. Das sind ähnliche Verhältnisse wie bei der Gehirnforschung. Das Baumaterial ist sehr komplex, aber doch relativ einförmig und erklärt nicht die große

Zahl unterschiedlicher Individuen. Das Erbgut wirkt zwar zurück auf die Persönlichkeit des Menschen, wenn es zu Mißbildungen oder Erbkrankheiten führt. Auch bestimmte Neigungen können im Erbgut fixiert sein und das Verhalten eines Menschen beeinflussen. Aber der Mensch kann kraft seines Willens und seines Geistes auch umgekehrt auf das Erbgut gestaltend einwirken. Wie sollte sonst zum Beispiel Alkoholismus im Erbgut erscheinen? Irgendwann muß einmal durch eine entsprechende Lebensweise diese Neigung in das Erbgut hineingeprägt worden sein. Im positiven Sinn gibt es inzwischen auch Studien, die sich mit dem Einfluß zum Beispiel des Sportes auf das Genom des Menschen befassen. Auch das Genom des Menschen scheint nur eine Art Bausubstanz zu sein, die unseren Körper aufbaut. Sie wirkt zwar durch ihre Eigenschaften auf den Geist ein, aber auch der Geist kann umgekehrt die Bausubstanz gestalten. Bei der Genomforschung drängt sich ebenso die Vorstellung auf, daß der Mensch Geist ist, der ein Genom hat – und nicht umgekehrt.

Das Problem der Klonforschung

Zunehmend fühlt sich der Mensch wie ein Schöpfer, weil er durch Klonen »neue« Geschöpfe in die Welt setzen kann. Aber er weiß eigentlich nicht, was er da macht – und er wird auch hier nachdenklich. Zunächst muß man feststellen: Man kann zwar den Grundbaustein des menschlichen Erbgutes – die DNA oder DNS – künstlich herstellen – aber sie lebt nicht. Man kann nur mit lebender Substanz experimentieren und genetisch gleiche Lebewesen produzieren. Wenn man einen Wissenschaftler, der sich mit dem Klonen befaßt, fragen würde, ob er zum Beispiel auch Boris Becker klonen könnte, würde er natürlich mit »ja« antworten, weil das technisch kein Problem darstellen würde. Wenn man aber dann diesen Wissenschaftler fragen würde, ob dieser geklonte Boris Becker, der das gleiche Erbgut wie der ursprüngliche Boris Becker hat, auch Tennis spielen würde – so lautet die Antwort: »Nein, höchstwahrscheinlich nicht.« Wenn aber das gleiche genetische Material nicht die gleiche Persönlichkeit produziert, muß man daraus schließen, daß das genetische Material eben nicht die Ursache der Persönlichkeit ist. Beim Klonen verdoppelt man nur das biologische Material, das der Geist benutzt, aber man verdoppelt nicht den Geist. Diese Überlegungen führen ebenfalls zu dem Schluß: Der Mensch ist Geist, der einen biologischen Körper hat. Dieser kann geklont werden, aber nicht der Geist.

Albert Einstein – einer der bedeutendsten Wissenschaftler des 20. Jahrhunderts.

Einstein, Relativitätstheorie und Bewußtsein

Albert Einstein wurde durch seine Arbeiten zum bedeutendsten Physiker des 20. Jahrhunderts. Ausgehend von einer fundamentalen Kritik der Raum- und Zeitmessung, entwickelte er 1905 die Relativitätstheorie, in der er die Beziehungen zwischen Energie, Masse und Lichtgeschwindigkeit in seiner berühmten Formel so ausdrückte: $E = m \cdot c^2$ oder in Worten: Energie ist gleich Masse mal Quadrat der Lichtgeschwindigkeit. Der gesamte Kosmos und auch der Mensch als Bestandteil des Kosmos funktionieren nach dieser Formel. Energie, Masse und Licht können ineinander umgewandelt werden. Man könnte auch sagen: Der Grundbaustein des Kosmos ist das Licht, die einzige Konstante im gesamten Weltall. Und am Ende seines Lebens sagte Einstein: Hinter dem Licht ist ein Bewußtsein. Das ist auch ganz logisch; denn ohne Bewußtsein ist es unmöglich, die Ordnung aufrechtzuerhalten – wie jeder aus eigener Erfahrung weiß. Der Kosmos besteht also – auch nach der Aussage von Albert Einstein – aus einem Bewußtsein, das Licht aussendet, das sich bis zur

Materie verdichten kann. Wenn man will, kann man in diesen Zusammenhängen eine Dreiheit entdecken, nämlich Bewußtsein oder Geist, Licht oder Energie und Materie. Und wenn man diesem Gedanken noch weiter folgen will, ergibt sich daraus auch der Aufbau des Menschen nach dem gleichen Prinzip: Geist, Seele, Körper. Nach den Überlegungen Einsteins folgt übertragen auf den Menschen ebenfalls die Erkenntnis: Der Mensch ist Geist, der einen Körper hat.

Das Gehirn als Instrument

Auch der Neurophysiologe und Nobelpreisträger Sir John Eccles hat sich diese Frage gestellt und in seinem Buch »Das Ich und sein Gehirn« wissenschaftlich dargestellt. Die Quintessenz seiner Forschungen ist: »Der Geist des Menschen ist eine vom Nervensystem unabhängig existenzfähige Wesenheit.« Das heißt: Der Mensch ist Geist, der das Gehirn als Instrument benutzt. Diese Vorstellung ist auch die einzige Erklärung dafür, daß jedes Gehirn gleich aussehen kann; denn ein Instrument sieht immer gleich aus. Es kommt nur darauf an, wer es in die Hand nimmt. Diese Erkenntnis stimmt auch mit unseren Erfahrungen überein. Wir sagen ja auch: Mein Kopf, mein Bauch oder mein Bein tut mir weh – und nicht: Ich Kopf oder ich Bauch oder ich Bein tue mir weh. Und diese Ansicht stimmt auch vollkommen mit allen Weisheitslehren und Religionen überein: Der Mensch ist Geist, der einen Körper hat. Das muß auch so sein; denn es gibt nur eine Wahrheit.

Das heißt aber auch: Wir können auf das Gehirn einwirken und es trainieren wie einen Muskel (siehe auch Seite 46 ff.). Und gerade deswegen, weil wir Geist sind, der

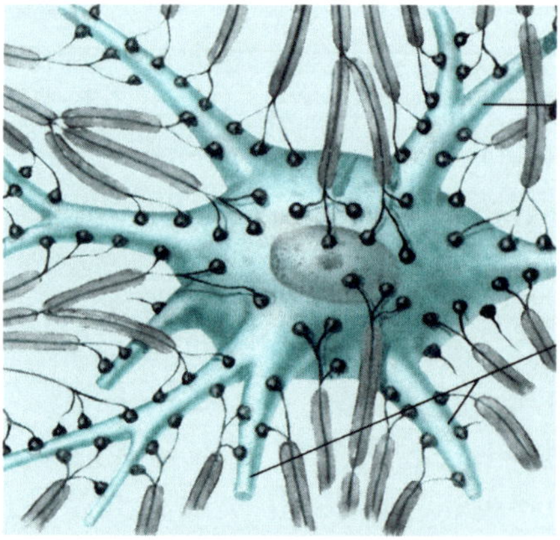

Die Qualität eines Gehirns wird bestimmt durch die Zahl der Verknüpfungspunkte (Synapsen) zwischen den Nervenzellen.

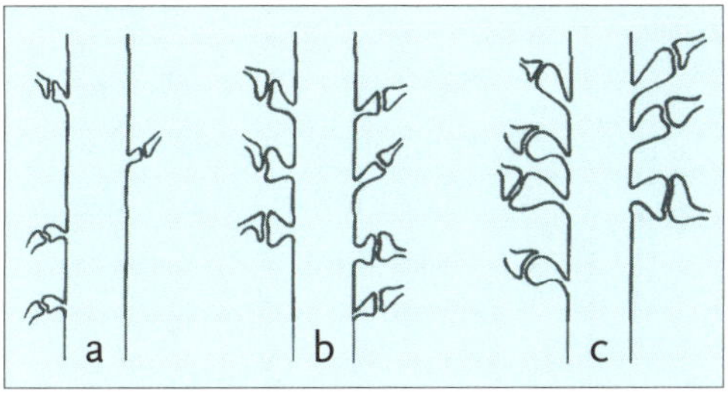

Die Verknüpfungspunkte der Nervenzellen (Synapsen) werden bei Nicht-Gebrauch (a) zurückgebildet – bei verstärktem Gebrauch (b) aber zahlreicher und größer (c).

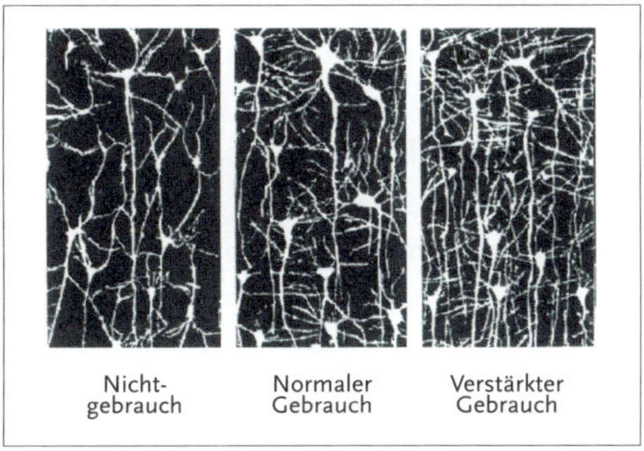

Die Vernetzung zwischen den Nervenzellen bildet sich bei Nicht-Gebrauch zurück – und wird bei stärkerem Gebrauch des Gehirns dichter und zahlreicher.

einen Körper hat, können wir auch den Körper wie ein Instrument benutzen, verändern, anpassen und trainieren. Das Gehirn ist also ein Denkorgan, das unser Geist zum Denken benutzt – wie er andere Organe zu anderen Zwecken benutzt. Auch die anderen Organe sehen bei allen Menschen ähnlich aus. Wir müssen also nur danach trachten, das Gehirn, dieses wundervolle Instrument unseres Bewußtseins, das ganze Leben lang voll funktionsfähig zu erhalten und richtig zu benutzen, eine Verpflichtung und Chance zugleich.

Die Nahtodeserfahrungen

Der Mensch spricht nicht gern vom Tod, weil er dieses Wort mit dem endgültigen Ende gleichsetzt. Aber vielleicht ist es gar nicht so, vielleicht ist es nur der Übergang in eine andere Dimension. Falls sich ein Embryo seiner Situation bewußt wäre, könnte er auch meinen, daß nach der Geburt alles zu Ende sei. Denn die Geburt ist tatsächlich vom Embryo aus gesehen ein recht gewaltsamer Akt, von dem man meinen könnte, daß es das Ende sei. Aber gerade die Geburt ist ein Vorgang, der uns in eine neue Dimension – nämlich in diese Welt – hineinbringt. Vielleicht ist auch der

Embryowissenschaftler bei einer wissenschaftlichen Tagung: »Da gibt es doch einige Embryowissenschaftler, die behaupten, daß es nach der Geburt weitergeht!«

Tod nur ein Übergang, eine Geburt in eine neue Dimension.

Die Berichte über Nahtodeserfahrungen haben den Bereich der Esoterik längst verlassen. Sie wurden wissenschaftlich untersucht, und zwar in Hunderttausenden von Fällen und nicht von Laien, sondern von Psychiatern und Psychologen. In Amerika gibt es ein umfangreiches Forschungsgebiet über Nahtodeserfahrungen (Association of Near-Death-Experiences). In den Berichten über Nahtodeserfahrungen gibt es überraschende Übereinstimmungen. Man kann alles wahrnehmen, man hat ein ausgeprägtes Gefühl von Ruhe, Frieden und Harmonie – und man erlebt bewußt, wie man außerhalb des Körpers ist.

Die amerikanischen Wissenschaftler haben da weniger Hemmungen als wir und nennen diesen Zustand einfach »Außerhalb-des-Körpers-Erfahrung« oder »Out-of-Body-Experience«, abgekürzt OBE. Wenn man aber außerhalb des Körpers sein kann, so ist der Mensch tatsächlich Geist, der unabhängig vom Körper existenzfähig ist. Manche Wissenschaftler lächeln und schieben diese Erfahrungen in das Reich der Esoterik, aber das wäre zu einfach. Denn Außerhalb-des-Körpers-Erfahrungen sind nicht neu und auch keine Einzelfälle. Es gibt inzwischen genügend Berichte von Unfallopfern, die, obwohl ihr Körper auf dem Gesicht lag und sie medizinisch »bewußtlos« waren, später ihren Notarzt wiedererkennen konnten, ohne ihn vorher jemals gesehen zu haben. Manche sahen auch ihren Körper »unten« liegen und nahmen alles wahr, was geschah. Unabhängig von diesen, als Folge der modernen Medizin möglichen, Außerhalb-des-Körpers-

Erfahrungen haben zum Beispiel auch Yogis bereits vor Tausenden von Jahren berichtet, wie sie während der Meditation ihren Körper »unten« sitzen sahen. Fortgeschrittene Yogis haben ihren Körper, als sie den Zeitpunkt dafür gekommen sahen, bewußt im Kreise ihrer Schüler verlassen. Darüber gibt es zahlreiche Berichte, und sie scheinen auch ganz gut belegt. Auch andere, ernst zu nehmende Menschen berichteten über Außerhalb-des-Körpers-Erfahrungen. So berichtet zum Beispiel der berühmte Bergsteiger Reinhold Messner, daß er einen Abhang hinunterrollte und dabei seinen Körper »unten« den Abhang hinunterrollen sah. Warum sollten Menschen das berichten, wenn sie es nicht selbst erfahren haben? Auch die Nahtodeserfahrungen sind nur erklärbar, wenn der Mensch Geist ist, der einen Körper hat – und nicht umgekehrt.

Unsere Sprache

Wir haben uns nun allmählich, behutsam und vorsichtig in Bereiche vorangetastet, in die man sonst mit den »normalen« Wissenschaften nicht vordringen kann, weil man einfach Angst hat, das gewohnte Umfeld der Materie zu verlassen und sich in eine andere Dimension zu begeben; denn man möchte in der einen Dimension, der Materie, bleiben. Das Problem ist nur: Der Mensch ist nicht eindimensional, sondern er besteht aus Geist, Seele und Körper. Erstaunlicherweise ist man sich darüber auch wissenschaftlich einig. Die Schizophrenie besteht aber darin, daß man den Menschen einerseits als ein Wesen ansieht, das aus Geist, Seele und Körper besteht – und diese Tatsache im gleichen Atemzug ablehnt und sich auf die »Wissenschaft« zurückzieht. Mit anderen Worten: Man möchte heute ganzheitlich sein, weiß aber nicht, was das ist. Man befürchtet, seine Seriosität zu verlieren, wenn man den Menschen als ein mehrdimensionales Wesen sieht. Aber nur das wäre ganzheitlich. Bei diesem vorsichtigen Taktieren macht man sich nicht bewußt, daß man in seiner eigenen Sprache diese Zusammenhänge bereits vor langer Zeit fixiert hat und diese Ausdrücke auch weiterhin, ohne zu überlegen, benutzt. So bezeichnete man den Körper schon immer als »sterbliche Hülle«, die man irgendwann einmal ablegt. Und der Mensch baut auf seine Individualität. Dieses Wort kommt aus der lateinischen Sprache. Dabei bedeutet in = nicht, dividere = teilen, Dualität = Zweiheit. Und in dieser Realität bedeutet »Individualität« also eigentlich »unteilbare Zweiheit« – nämlich eine unteilbare Zweiheit aus Geist und Körper. Ein Notarzt oder ein Anästhesist, der vielleicht sogar Atheist ist (und jeder Wissenschaftler müßte das, wenn er seinen wissenschaftlichen Erkenntnissen folgt, eigentlich sein), bezeichnet die Wiederbelebung als Reanimation. Dabei bedeutet re = zurück und anima = Seele. Durch das Wort »Reanimation« drückt man also eigentlich aus, daß man die Seele zurückholt, wie es nach den Nahtodeserfahrungen ja auch eigentlich ist. Auch der Begriff »Ekstase«, den man für manche religiöse Erlebnisse benutzt, bedeutet nichts anderes als außerhalb des Körpers zu sein. Und schließlich heißt auch »Exitus« nichts anderes als hinausgehen. Man wählte dieses Wort, um den Zeitpunkt und den Vorgang zu beschreiben, wenn das Bewußtsein (oder der Geist) den Körper verläßt. Unsere Sprache drückt also aus, was die Menschheit innerlich fühlt, nämlich: Der Mensch fühlte sich schon immer als Geist, der einen Körper hat. Auch die wissenschaftlich gebrauchten und üblichen Worte wie »Evolution« und »Entwicklung« drücken aus, daß es darum geht, etwas »auszuwickeln«, was wie in einem Samenkorn als Keim der Vollkommenheit in uns vorhanden ist – der Geist, das Selbst. Eine wahre Persönlichkeitsentwicklung würde also darin bestehen, daß man diesen Keim der Vollkommenheit »auswickelt« und zum Vorschein bringt – und nicht darin, daß man außen etwas draufsetzt, was eigentlich gar nicht zur Persönlichkeit gehört. Diese Art von Image-Beratung führt dazu, daß alle Menschen äußerlich gleich gemacht werden, die Ursprünglichkeit verlorengeht, oder anders ausgedrückt: Der Mensch kommt als Original auf die Welt – und stirbt als Kopie. Das ist traurig, aber die Folge der falschen Betrachtungsweise des Menschen. Wenn man

denkt, der Mensch ist Körper, der einen Geist hat – dann versteht man unter Entwicklung, außen etwas zu verändern, bis es der allgemeinen Vorstellung entspricht. Dadurch geht die Individualität des Menschen verloren. Wenn man aber fähig ist, zu erkennen, daß der Mensch Geist ist, der einen Körper hat, wird man unter Persönlichkeitsentwicklung das Hervorholen und Durchscheinenlassen des schon vollkommenen Geistes nach außen verstehen. Das Original bleibt erhalten. Der Mensch holt das hervor, was er bereits innerlich ist.

Das geheime Wissen der Yogis

Yogis haben schon vor 5000 Jahren im Laboratorium des Geistes die Naturgesetze geprüft, denen das Universum und der Mensch unterliegen. Sie hatten kein anderes Laboratorium als ihren Geist – genau wie Einstein. Auch er hatte kein anderes Laboratorium. Das Geheimnis ist: Wie kann es sein, daß Yogis schon vor 5000 Jahren so weit waren, wie wir heute noch nicht sind. Wir müssen uns erst in die Dimension des Geistes vortasten und sind dabei sehr vorsichtig, weil wir Angst haben, den uns vertrauten Boden der Materie zu verlassen. Das ist genau wie bei einem Vogel, der sein ganzes Leben in einem Käfig eingesperrt war und dem man jetzt das Türchen seines Käfigs öffnet. Er wird auch zögern und einige Zeit brauchen, bis er es wagt, in die ihm bisher unbekannte Dimension der Freiheit hinauszufliegen. Die Yogis erforschten den Menschen von innen her – durch Innenschau und Meditation – und unsere heutige Wissenschaft kommt von außen und dringt immer weiter nach innen vor. Bald wird der Zeitpunkt kommen, an dem beide Wissenschaften zusammentreffen. Erst dann wird man die wahre Erkenntnis haben. Wir wollen und können aber nicht so lange warten. Wir wollen es jetzt wissen. In alten Yogaschriften werden die Menschen als die »Eingekörperten« bezeichnet: Der Geist (das Selbst) ist im Körper eingesperrt und an ihn gebunden. Der Körper ist Bestandteil der materiellen Welt, die aus

Atomen besteht. Atome bestehen aus einem Atomkern, um den Elektronen kreisen. Der Körper ist also an sich ein unruhiges Gebilde, das ständigen Veränderungen unterliegt: Aufbau, Abbau, Umbau, Krankheit und Verfall. Der Körper gehört also einer unruhigen, wechselhaften und grobstofflichen Dimension an – unruhig, begrenzt, Raum und Zeit unterworfen. Der Geist des Menschen, das Selbst, dagegen ist Bestandteil der Unendlichkeit – still, unendlich, ewig. Der Mensch ist in diesem Leben eine »unteilbare Zweiheit« aus diesen beiden, völlig unterschiedlichen Dimensionen. Wenn zwei unterschiedliche Dimensionen aufeinandertreffen, gibt es eine Reibungsfläche – die Seele mit ihren Gefühlen und Empfindungen. Diese Erkenntnis der Yogis ist 5000 Jahre alt, und sie bietet eigentlich die »Rahmentheorie«, nach der die heutige Hirnforschung verlangt. Wenn man sich vor Augen führt, wie schnell heute wissenschaftliche Erkenntnisse überholt sind, muß man sich fragen, wie es möglich ist, daß mehrere tausend Jahre alte Erkenntnisse – wie die der Yogis – immer noch nicht überholt sind. Darauf kann es nur eine Antwort geben: Die Yogis haben die Wahrheit selbst entdeckt. Das ist auch bei der Entdeckung der Naturgesetze so. Wenn sie entdeckt sind, bleiben sie weiterhin gültig, zeitlos und für ewige Zeiten. Das gilt auch für die Naturgesetze des Geistes, wie sie die Yogis entdeckt haben.

Unser Denkmodell

Jetzt sind wir also soweit, daß wir es wagen können, unser Denkmodell zu präsentieren. Der Mensch ist Geist, der einen Körper hat. Der Geist ist Bestandteil der stillen Unendlichkeit – ruhig, friedlich, harmonisch. Der Körper ist Bestandteil dieser unruhigen Welt – unruhig, launisch, wechselhaft. Die Seele ist die Reibungsfläche dazwischen – Ort der Gefühle und Empfindungen. Wenn wir uns mit dem Körper identifizieren, nehmen wir auch seine Eigenschaften an und werden unruhig, launisch und wechselhaft. Wenn wir uns aber mit dem Geist identifizieren – wie in der Entspannung –, gehen seine Eigenschaften auf uns über: Wir werden ruhig, friedlich und harmonisch. Schon jetzt ersehen wir daraus die große

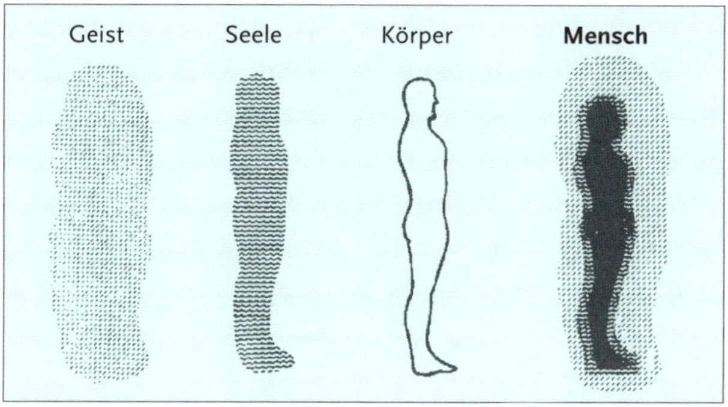

Geist, Seele, Körper – Mensch

Bedeutung der Entspannung für den Menschen. Mit diesen Erkenntnissen wollen wir im weiteren Verlauf dieses Buches arbeiten. Dann wird alles einfach.

Funktionsweisen des Gehirns

Die Bewußtseinsbereiche

Jeder Mensch hat ein bestimmtes Bewußtsein, bestimmte Ansichten, Vorstellungen, Erfahrungen, Wünsche, Pläne, Ideen, Einfälle, und er verfügt über Vernunft und Intelligenz. Alles das ist Bewußtsein – und alles das ist bei jedem Menschen unterschiedlich. Jeder Mensch trägt sozusagen seine eigene Welt in seinem Bewußtsein mit sich herum. So besehen ist es dann fast ein Wunder, daß sich die Menschen trotzdem verstehen, manchmal sogar so gut, daß man sagt, sie seien »ein Herz und eine Seele«. Beim Bewußtsein des Menschen unterscheidet man verschiedene Ebenen:

- Unterbewußtsein
- Tagesbewußtsein
- Überbewußtsein

Wir wollen im folgenden diese Ebenen des menschlichen Bewußtseins kurz analysieren und überlegen, was man daran verbessern kann, um die geistige Fitneß zu steigern und dadurch das Leben besser meistern zu können.

Das Unterbewußtsein

Woher das Unterbewußtsein seinen Namen hat, weiß man nicht genau. Vielleicht weil es »unter« dem Tagesbewußtsein oder in den tieferen Schichten des Gehirns beheimatet ist. Das Unterbewußtsein speichert alles, was »von oben« kommt: Gedanken, Gefühle, Erfahrungen, Begleitumstände – alles. Es ist ein unermeßlich großer Speicher, in dem unser ganzes bisheriges Leben mit allen Eindrücken abgespeichert ist. Das hat Vor- und Nachteile, die je nachdem, ob die Begleitumstände, die vom Unterbewußtsein ins Tagesbewußtsein heraufgeholt werden, positiv oder negativ sind. Ein wichtiger Vorteil des Unterbewußtseins ist zum Beispiel, daß es uns in Gefahrensituationen aufgrund unserer im Unterbewußtsein abgespeicherten Erfahrungen spontan richtig handeln läßt. Diese Fähigkeit des Unterbewußtseins nennen wir Instinkt.

Das Unterbewußtsein hat aber auch einen großen Nachteil: Es kann nicht werten! Es nimmt alles auf – gleichgültig ob es gut oder schlecht, positiv oder negativ ist. Und da der Mensch von Natur aus mehr zum Negativen neigt, ist die Wahrscheinlichkeit groß, daß im Laufe des Lebens im Unterbewußtsein viel Negatives abgespeichert ist. Und das wird auch wieder »nach oben« in das Tagesbewußtsein geholt – und »färbt« gewissermaßen unsere Gedanken und unser gesamtes Bewußtsein. Daher ist es sehr schwierig, auf Dauer positiv zu denken, wenn sich mit den guten Gedanken auch immer wieder negative Begleitumstände aus dem Unterbewußtsein verbinden. Man sollte sich also nicht nur um gute Gedanken im Tagesbewußtsein bemühen, sondern auch konsequent, geduldig und allmählich das Unterbewußtsein von den in ihm enthaltenen negativen Energien und Qualitäten reinigen. Wie geht das?

Am besten vergleicht man das Unterbewußtsein mit einem großen Teich. Ein Teich ist ein stehendes Gewässer, das im Laufe der Zeit durch Algen und Unrat schmutzig wird. Genauso sieht unser Unterbewußtsein nach einigen Jahrzehnten ungeschulten und überwiegend negativen Denkens aus. Was macht nun der Teichbesitzer? Wenn er nur an den Teich geht, etwas Schmutz herausnimmt, diesen betrachtet und sagt: »Ja, das ist Schmutz« und ihn dann wieder in den Teich fallen läßt – ändert sich gar nichts. Genauso ist es, wenn man das Negative aus dem Unterbewußtsein hervorholt, es analysiert – und dann wieder hineinfallen läßt. Nehmen wir uns ein Beispiel am Teichbesitzer: Er löst das Problem, indem er ein Türchen öffnet und frisches Wasser durch den Teich fließen läßt, bis er sauber ist. In ähnlicher Weise können wir unser Unterbewußtsein reinigen, indem wir ebenfalls ein »Türchen« öffnen und gute Gedanken und Gefühle in das Unterbewußtsein hineinströmen lassen (siehe auch Seite 50 ff.), bis es sauber ist. Die Reinigung des Unterbewußtseins ist also ein wichtiger Schritt zum positiven Denken. Es ist sogar die wichtigste Voraussetzung, wenn man auf Dauer von innen heraus positiv sein will.

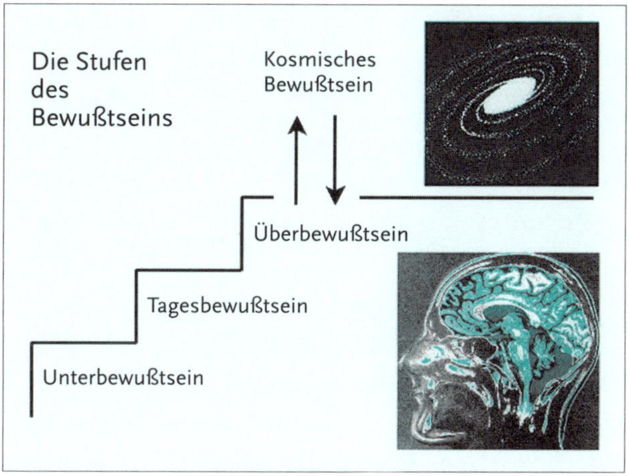

Die Stufen des Bewußtseins

Das Tagesbewußtsein

Im Tagesbewußtsein findet das bewußte Denken statt. Das Tagesbewußtsein entspricht dem, was wir Vernunft oder Intellekt nennen. Der Umgang mit Daten und Fakten, logisches Denken und Planen, die Bildung abstrakter Begriffe und das Durchdenken logischer Abläufe – alles das spielt sich im Tagesbewußtsein ab. Zusätzlich treffen sich im Tagesbewußtsein aber auch die Wahrnehmungen durch die Sinnesorgane, Assoziationen und gedankliche Verknüpfungen aus dem Unterbewußtsein sowie auch Ideen, Einfälle und Inspirationen aus dem Überbewußtsein. Das Tagesbewußtsein hat gegenüber dem Unterbewußtsein einen wichtigen Vorteil: Es kann werten! Es kann uns sagen, das ist gut und das ist nicht gut. Es ist also die wichtigste Bewußtseinebene für uns, wenn wir im Denken etwas verändern wollen.

Wir müssen aber dabei zwei Voraussetzungen erfüllen:

- Wir müssen positiv denken wollen und
- wir müssen wachsam sein, damit wir nicht der Neigung zum Negativen unterliegen.

Wir brauchen also Willenskraft, Konzentration und Wachsamkeit, um auf Dauer positiv sein zu können.

Das Überbewußtsein

Meistens spricht man nur vom Unterbewußtsein und vom Tagesbewußtsein und betrachtet das Tagesbewußtsein – den Intellekt – als höchste Instanz und Bewußtseinsebene des Menschen. Aber es gibt noch eine höhere Stufe des menschlichen Geistes, die sehr wichtig ist: das Überbewußtsein. Es ist der Bereich, in dem sich Vorgänge wie Intuition, Inspiration und Kreativität abspielen. Bis heute weiß man nämlich noch nicht genau, woher Ideen und Einfälle kommen. Man bemüht sich zwar bewußt um geistige Höchstleistung und Kreativität – aber man weiß noch nicht, woher die schöpferischen Ideen eigentlich stammen und in welchem Bereich sich diese Bemühungen abspielen. Auf jeden Fall sind Ideen, Einfälle und plötzliche Problemlösungen nicht eine direkte Folge des logischen Denkens. Man macht oft im praktischen Leben die Erfahrung, daß man Probleme gedanklich bearbeitet, aber ab einem bestimmten Punkt sagt: »Ich kann es jetzt nicht mehr durchdenken. Ich schlafe erst einmal darüber.« Was passiert da eigentlich, wenn man »über etwas schläft«? Und was geschieht, wenn man in Situationen der Entspannung die besten Einfälle, Ideen und Problemlösungen hat? Das kann in einer »schöpferischen Pause«, bei einem Spaziergang oder einem Waldlauf – oder auch in der Badewanne sein. Auf jeden Fall haben wir schon oft die Erfahrung gemacht, daß sich uns auf diese Weise die komplette Lösung fertig präsentiert. Aus dem Unterbewußtsein kann sie nicht kommen, weil wir dort diese Lösung nicht abgespeichert hatten. Es ist also keine

Erinnerung, sondern wir nennen es »Inspiration«. Dieses Wort kommt vom lateinischen Wort »inspirare«, das eigentlich einatmen heißt. Doch von woher »atmen« wir die Lösung ein? Die Antwort ist: Unser Überbewußtsein kann, wenn es die richtige Antenne entwickelt hat, Informationen aus den uns umgebenden Informationsfeldern (siehe unten) empfangen. Diese Fähigkeit ist sehr wichtig für die Lösung unserer Probleme, für die Entwicklung neuer Ideen und für unsere Kreativität.

Das kosmische Bewußtsein

Auch die Schöpfung hat ein eigenes Bewußtsein. Dieses Bewußtsein wird heute in der Biologie als »morphogenetische Felder« (griechisch: morphe = Gestalt, genao = ich erzeuge, ich mache) bezeichnet. Diese Informationsfelder wurden von dem Biologen Rupert Sheldrake beschrieben. Durch seine Forschungen stellte er fest, daß wir nicht nur von den Energiefeldern der Schwerkraft und von elektromagnetischen Feldern (Meridiane, Nord- und Südpol) umgeben sind, sondern auch von »allwissenden« Informationsfeldern. Diese Felder sind nach Sheldrake »unsichtbare organisierende Strukturen, die Dinge wie Kristalle, Pflanzen und Tiere formen und gestalten und auch organisierend auf das Verhalten einwirken«. Auf diese Weise kann man erklären, warum die Entwicklung der Schöpfung (Evolution) so zielgerichtet und koordiniert vor sich geht.

Denn die Evolutionstheorie von Darwin hat gewisse Schwächen. Das Zufallsprinzip der Selektion des Stärkeren erklärt nämlich nicht die sinnvolle, zielgerichtete Evolution, die mehr von innen nach außen gesteuert wird. Das drückt auch das Wort »Evolution« aus, das vom lateinischen »evolvere« kommt und nichts anderes als »auswikkeln« heißt. Nach Sheldrake entwickeln sich alle Wesen – Pflanzen, Tiere, Menschen – nach ihren Möglichkeiten weiter, bis sie an einem Punkt angelangt sind, an dem die Entwicklung nicht mehr weitergeht. Dann bauen alle Wesen eine Art »Antenne« auf – und empfangen die Information für ihre weitere Entwicklung aus den in der Schöpfung vorhandenen Informationsfeldern, den morphogenetischen Feldern. Diese Felder »enthalten alle gesammelten Informationen aller vergangenen und zukünftigen Geschichte und Evolution«. Das ist eine moderne Mega-Theorie der Biologie und Evolution – aber nichts anderes als das, was die Yogis bereits vor 5000 Jahren als »Kosmisches Bewußtsein« bezeichnet hatten.

Auch der Physiker Albert Einstein kam durch seine Forschungen zu einem ähnlichen Ergebnis. Hinter dem Licht in seiner Formel der Relativitätstheorie sah er ein Bewußtsein. Das kann auch gar nicht anders sein, wie wir aus eigener Erfahrung wissen. Ordnung kann nur durch ein ordnendes Bewußtsein aufrechterhalten werden – Unordnung dagegen stellt sich von ganz allein ein. Wir brauchen niemand einzustellen, um Unordnung zu machen. Wohl aber brauchen wir einen ordnenden Geist, der die Ordnung wieder herstellt und aufrechterhält.

So steuert das Bewußtsein in der Schöpfung alle Vorgänge im gesamten Weltall von den Atomen bis hin zu den Planeten und enthält alle Informationen, die die Schöpfung für ihre Aufrechterhaltung und weitere Entwicklung braucht – also unerschöpfliche Informationsfelder, die wir durch unser Überbewußtsein anzapfen können. Vielleicht ist das der »Aha-Effekt«, den wir immer wieder erleben, und die Grundlage für unsere Kreativität – wenn wir vorher gedanklich in unserem Überbewußtsein die richtige »Antenne« aufgebaut haben (siehe auch Seite 91 ff.).

Die verschiedenen Arten des Gedächtnisses

Unter Gedächtnis versteht man ganz allgemein das aufbewahrte Gedankengut und die Fähigkeit, sich die Bewußtseinsinhalte bei Bedarf wieder zu vergegenwärtigen. Man unterscheidet verschiedene Arten des Gedächtnisses, und zwar nach der Funktion und nach dem zeitlichen Ablauf.

Rezitatives und assoziatives Gedächtnis

Das rezitative Gedächtnis gibt das Gelernte mechanisch wieder, zum Beispiel ein auswendig gelerntes

Gedicht. Diese Art des Gedächtnisses benutzen wir, um uns Daten und Fakten einzuprägen oder uns auf eine Prüfung vorzubereiten. Das auswendig Gelernte wird allein mit dem Intellekt aufgenommen und vermittelt uns nur ein gewisses »Kopfwissen«. Meistens geht dieses auswendig angelernte Wissen schneller wieder verloren, weil es nur vorübergehende Spuren im Gehirn hinterläßt. Mit diesem Wissen ist man auch nur in der Lage, Fakten und Daten wiederzugeben. Dieses Wissen dient aber nicht unserer Kreativität.

Das assoziative Gedächtnis dagegen prägt sich nicht nur Tatsachen und Fakten ein, sondern auch die Begleitumstände (lateinisch: socius = der Begleiter). Wenn man sich mit dem assoziativen Gedächtnis erinnert, wird aus dem eigenen Erfahrungsgut eine Fülle von Vorstellungen gleichzeitig geweckt. Dadurch entstehen Gedankenverbindungen (Assoziationen), die eine umfassende Erinnerung erwecken. Wenn wir zum Beispiel einmal in Mexiko eine Blume gesehen und ihren Duft aufgenommen haben, verbinden wir diese Empfindungen immer mit den erlebten Umständen damals in Mexiko. Wenn wir nun viele Jahre später zu Hause in einem botanischen Garten spazierengehen und diesen Duft der Blume dort wahrnehmen, denken wir an die Erlebnisse und Erinnerungen in Mexiko zurück. Die Gedächtnisinhalte des assoziativen Gedächtnisses sinken in die

Der Duft des Kaffees erinnert unseren Computerfachmann vielleicht gerade an ein wunderschönes Erlebnis ...

tieferen Schichten ab und sind dort intensiv und über eine lange Zeit mit ihren Begleitumständen abrufbar. Das Einprägen der Begleitumstände eines Lerninhaltes ist daher von äußerster Wichtigkeit, wenn wir ein leistungsfähiges Langzeitgedächtnis aufbauen wollen. Außerdem entstehen bei dieser Art des Gedächtnisses Gedankenverbindungen (Assoziationen), die für die Kreativität sehr wichtig sind oder sie gar erst ermöglichen.

Kurzzeit- und Langzeitgedächtnis

Das Kurzzeitgedächtnis dient dazu, neue Eindrücke zu speichern. So kann man mit dieser Art des Gedächtnisses sich zum Beispiel die Namen von Personen, die man gerade kennengelernt hat, merken oder auch Telefonnummern, Autonummern und alle neuen Fakten, die man braucht oder sich merken möchte. Die Gedächtnisinhalte des Kurzzeitgedächtnisses werden vorwiegend in der Hirnrinde aufbewahrt. Da die Hirnrinde mit zunehmendem Alter schmaler wird, nehmen auch die Fähigkeiten des Kurzzeitgedächtnisses ab. Man sollte wissen, daß dieser Vorgang in einem bestimmten Maße normal ist. Das geht fast allen Menschen so. Man kann aber diese Abnahme der Funktionsfähigkeit der Hirnrinde weitgehend ausgleichen, wenn man sich bewußt mehr konzentriert und sich bewußt länger und intensiver mit den einzuprägenden Fakten beschäftigt, um eine tiefere Spur im Gehirn zu erzeugen. Wenn man sich neue Fakten vorwiegend auch mit dem assoziativen Gedächtnis merkt, also mit allen Begleitumständen, wird man sich neue Dinge viel besser merken können. Man erreicht das nämlich dadurch, daß diese Gedächtnisinhalte Bestandteil des Langzeitgedächtnisses werden. Die Gedächtnisinhalte des Langzeitgedächtnisses werden weniger in der Hirnrinde, sondern in den tieferen Schichten des Gehirns gespeichert, die nicht so sehr dem Alterungsprozeß unterliegen.

Wissen und Weisheit

Noch nie gab es so viel Wissen und Information wie heute. Ganze Bibliotheken können auf einer einzigen CD gespeichert oder im Internet abgerufen werden. Aber wenn wir uns fragen, ob gleichzeitig auch

die Zahl der weisen Menschen zugenommen hat, müssen wir diese Frage mit Nein beantworten. Woran liegt das? Und was ist der Unterschied zwischen Wissen und Weisheit? Unter Wissen versteht man das, was man durch einen Lernprozeß im Gehirn an Daten und Fakten gespeichert hat. Unter Weisheit versteht man aber eher das, was man als richtig erkannt und im Leben in die Praxis umgesetzt hat. Daher müssen weise Menschen nicht unbedingt gebildet, sondern können auch ganz einfache Menschen sein. In diesem Zusammenhang sollte man sich auch die Frage stellen, ob es Sinn macht, die Köpfe von Menschen mit Daten zu füllen, ohne ihnen Hinweise zu geben, was sie damit anfangen sollen. Und man sollte sich öfter die Frage stellen: »Was weiß ich – und was bin ich?«

Vergeßlichkeit und Vergessen

Vergeßlichkeit ist die Unfähigkeit, das einmal Aufgenommene bei Bedarf wieder in das Tagesbewußtsein zu holen. Auch wenn man einen Termin vergißt, gehört das zum negativen Aspekt des Vergessens, nämlich der Vergeßlichkeit. Aber wie alle Dinge in dieser Welt hat das Vergessen eine positive Seite: Man muß auch lernen, bewußt zu vergessen, was man vergessen will – nämlich negative Gedanken, negative Gefühle und negative Situationen; denn sie belasten unser Bewußtsein. Man sollte lernen, sich mit einer negativen Situation auseinanderzusetzen und sie dann bewußt abzulegen und loszulassen, wie man es bei der Entspannung lernt (siehe Seite 76 ff.). Schließlich gehört hierher auch die Fähigkeit, das zu vergessen, was uns andere Menschen angetan haben. Haßgefühle sind sehr starke negative Energien, die uns daran hindern, positiv zu werden, und darüber hinaus unser Gehirn in manchen Situationen blockieren. Haß wirkt auf uns selbst zurück. Wir schaden mit Haßgefühlen nicht dem, dem wir schaden wollen – sondern nur uns selbst. Daher ist es besonders wichtig, sich von Haßgefühlen zu befreien. Wir müssen lernen, bewußt zu vergessen – und zu verzeihen.

Voraussetzungen für ein gutes Gedächtnis

Man kann das Gedächtnis auf vielfache Weise unterstützen und in seiner Funktion verbessern. Im folgenden wollen wir einige Hinweise geben, wie man das am besten erreichen kann.

EMPFEHLUNG

Möglichkeiten der Verbesserung der Gehirnfunktion:
- Die Durchblutung des Gehirns steigern
- Begriffsklarheit und bildhafte Vorstellung
- Regelmäßige Wiederholung
- Begeisterung
- Körperliche und psychische Entspannung
- Konzentration und Meditation
- Richtige Ernährung

Die Durchblutung des Gehirns steigern

Wenn die Blutzirkulation im Gehirn vermindert ist, läßt das Lernvermögen nach. So strömt zum Beispiel nach üppigen Mahlzeiten viel Blut in die Verdauungsorgane

Schon ein kleiner Spaziergang regt die Durchblutung im Gehirn an.

und fehlt somit dem Gehirn. Das Lernen wird dadurch erschwert. Darauf ist der Spruch zurückzuführen: »Voller Bauch studiert nicht gern!« Also: Kleine Mahlzeiten bevorzugen, wenn man die Gehirnfunktion braucht. Außerdem ist eine weitere Maßnahme sehr wirksam und wichtig, um die Durchblutung deutlich zu steigern: Sich bewegen! Bereits durch eine geringe körperliche Aktivität, wie Spazierengehen oder einfaches Hin- und Hergehen, wird die Gehirndurchblutung bereits um mehr als 30Prozent gesteigert. Bei einem Waldlauf sogar mehr als 50 bis 100

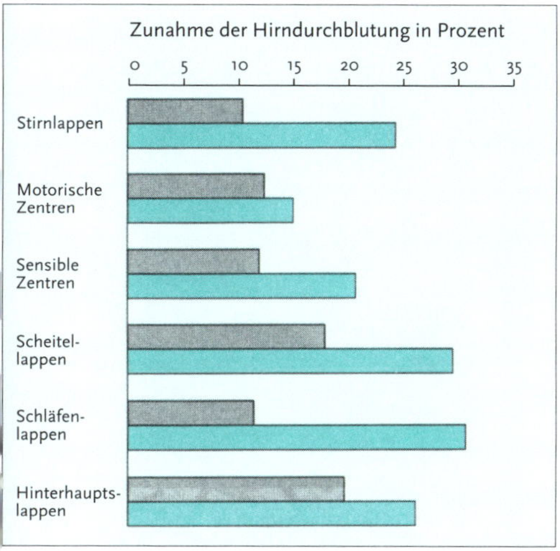

Steigerung der regionalen Gehirn-Durchblutung bei einer Belastung von 25 Watt (graue Säulen) und von 100 Watt (blaue Säulen)

Prozent. Eine derartige Steigerung der Gehirndurchblutung kann man durch kein Medikament erzeugen. Auf jeden Fall wird bereits durch eine relativ geringe körperliche Aktivität die Gehirndurchblutung deutlich gesteigert. Das schafft gute Voraussetzungen für die Gehirnfunktion.

Diesen Zusammenhang kann man an einigen Beispielen ganz gut erkennen. So ist zum Beispiel bei einem Vortrag, bei dem der Vortragende auf und ab geht, dieser immer munter und geistig wach, während das sitzende Publikum bei zunehmender Vortragsdauer Probleme bekommt, dem Vortrag geistig zu folgen. Außerdem haben vielleicht viele von Ihnen selbst die Erfahrung gemacht, daß man manchmal vor einem Urlaub noch eine Arbeit mitnimmt, die man sonst in wenigen Minuten schaffen würde – im Urlaub dauert es aber Stunden und Tage, bis man diese relativ geringe geistige Leistung vollbringt. Es gibt auch zahlreiche Studien darüber, wie die geistige Leistungsfähigkeit durch Bewegungsmangel vermindert wird. So hat man zum Beispiel bei Kindern analysiert, wie sie zur Schule kommen – mit dem Bus bis vor die Schule oder mit dem Fahrrad oder zu Fuß. Bereits aus dieser einfachen Untersuchung erkannte man, daß diejenigen Schüler die besseren Leistungen hatten, die sich auf ihrem Weg in die Schule körperlich mehr bewegen mußten. Bei einer Studie über die Abnahme des Intelligenz-Quotienten (IQ) bei einem 15tägigen Klinikaufenthalt mit vorwiegender Bettruhe konnte man

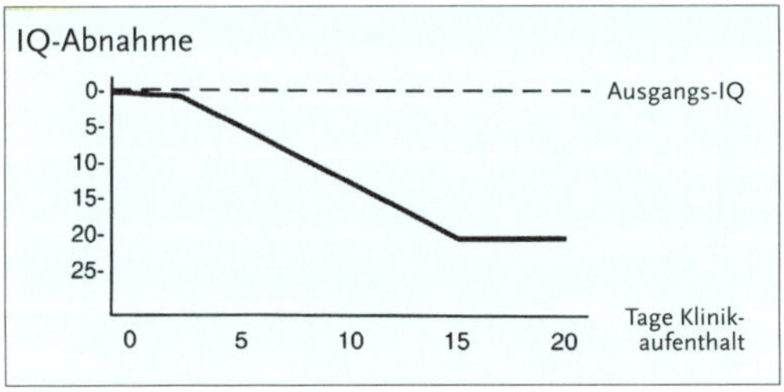

Abnahme des Intelligenz-Quotienten (IQ) um 20 % durch Bewegungsmangel bei einem 15tägigen Klinikaufenthalt

messen, daß allein nach dieser kurzen Zeit des Bewegungsmangels der Intelligenz-Quotient bereits um 20 Prozent abnahm. Das ist immerhin ein Unterschied, wie er zwischen dem Intelligenz-Quotienten eines Akademikers und dem eines Arbeiters besteht. Bewegung macht also nicht nur gesund, sondern auch schlau.

Begriffsklarheit und bildhafte Vorstellung

Bei dem Vergleich zwischen rezitativem und assoziativem Gedächtnis haben wir gesehen, wie wichtig es ist, sich möglichst viele Begleitumstände oder »Eselsbrücken« mit einzuprägen, um ein dauerhafteres Engramm im Gehirn zu hinterlassen. Am besten geht man beim Lernen ab und zu auf und ab, lernt laut, indem man sich die Lerninhalte laut vorspricht, unterstreicht bestimmte Sätze, die man sich merken will, und macht sich Skizzen und Bilder, um möglichst viele Begleitumstände zu erzeugen und sie sich mit einzuprägen.

Regelmäßige Wiederholung

Die Notwendigkeit einer regelmäßigen Wiederholung wird oft unterschätzt. Man glaubt, wenn man etwas im Moment genau weiß, bleibt das für immer. Aber am nächsten Tag hat man mindestens die Hälfte davon vergessen. Das liegt nicht am Gedächtnis, sondern an der Notwendigkeit der Wiederholung. Das, was man am nächsten Tag wiederholt, bleibt schon zu 75 Prozent im Gedächtnis haften – und bei der dritten Wiederholung am darauffolgenden Tag noch mehr. Erst dann ist das Engramm stark genug, um länger im Gehirn haften zu bleiben. Darauf bezieht sich der Satz: »repetitio est mater studiorum«. Das ist lateinisch und heißt: »Wiederholung ist die Mutter der Studierenden.«

Begeisterung

Der Mensch kann alles lernen, wofür er sich begeistern kann. Wenn

die Begeisterung nachläßt, läßt auch die Gehirnfunktion nach. Das ist bei vielen Menschen der Fall, wenn sie in Rente gehen und keine Ziele mehr haben, die sie mit Begeisterung verfolgen und anstreben können. Auch wenn man das menschliche Gehirn oft mit der Festplatte eines Computers vergleicht, so ist dieser Vergleich falsch oder höchstens nur teilweise richtig. Denn das Gehirn ist kein ausschließlicher Datenspeicher. Das Gehirn ist kein Eimer, der gefüllt werden, sondern ein Feuer, das entfacht werden muß! Also bleiben Sie begeistert – auch mit zunehmendem Lebensalter!

Körperliche und psychische Entspannung

Vielleicht haben Sie auch schon die Erfahrung gemacht, daß Sie sich das viel leichter merken können, was Sie sich eigentlich gar nicht merken müßten. Machen Sie sich diese Tatsache bewußt zunutze, indem sie sich bemühen, beim Lernen möglichst entspannt zu sein – so als ob sie es sich gar nicht merken müßten. Auch wenn ihnen etwas, das ihnen »auf der Zunge« liegt, nicht sogleich einfällt, bleiben sie locker, entspannen Sie sich und denken vorübergehend an etwas anderes. Dann fällt es Ihnen bestimmt gleich ein. Das ist so ähnlich, wie man einen Stern am Nachthimmel schärfer sieht, wenn man etwas danebenschaut. Üben Sie aus diesem Grund auch eine Entspannungstechnik, um sich Dinge besser merken zu können.

Konzentration und Meditation

Konzentration ist die Fähigkeit, sich von den Gegenständen der Zerstreuung zu befreien und die Aufmerksamkeit auf einen einzigen Punkt zu richten. Diese Fähigkeit muß man wie alle anderen Fähigkeiten auch bewußt trainieren – und man kann das auch. Einpünktigkeit ist das Wesen der Konzentration. Eine einfache Übung kann diese Fähigkeit fördern: Richten Sie mehrmals am Tag Ihren Blick nach oben auf den Punkt zwischen den Augenbrauen und sammeln Sie dort Ihre ganze Aufmerksamkeit, für ein paar Sekunden oder auch länger. Sie werden sofort bemerken, daß Sie ruhiger werden und Sie sich sofort besser konzentrieren können. Wenn Sie das wollen, können Sie diese Fähigkeit auch bewußt weiterentwickeln, indem Sie sich mit Konzentration und Meditation befassen; denn Meditation ist nichts anderes als verlängerte Konzentration. In der Meditation entwickelt man über die Konzentration hinaus die Fähigkeit, mit dem Wesen des Konzentrationsobjektes eins zu werden, es dadurch in sich aufzunehmen und zu verstehen. Dadurch wächst auch die Fähigkeit, mit dem Wesen von Situationen eins zu werden und sie sofort in ihrer ganzen Klarheit wahrzunehmen. Das bezeichnet man heute als emotionale Intelligenz.

Richtige Ernährung

Wir haben bereits erwähnt, daß zu große Mahlzeiten die Gehirntätigkeit vermindern – also weniger essen. Es gibt auch einige Nahrungsmittel, die die Gehirnfunktion verbessern. Das sind zum Beispiel Nüsse, Fisch, Quark – also mehr Eiweiß – und auch bestimmte Mineralstoffe und Spurenelemente, wie zum Beispiel Magnesium, Zink und Selen. Auch Kaffee oder Espresso können in vernünftiger Dosierung die Gehirnfunktion verbessern. Prinzipiell hat eine vegetarische Ernährung ohne Fleisch, aber mit Fisch, Milch und Milchprodukten sowie mit Früchten und Gemüse einen günstigen Einfluß auf die Gedankenklarheit des Menschen. Alkohol jedoch macht zwar manche Menschen vorübergehend kreativ, weil er vorhandene Hemmungen abbaut, aber auf Dauer wird durch Alkohol die Gedankenklarheit doch etwas getrübt. Man sollte also vorsichtig damit sein.

Die Kraft der Gedanken

Gute Gedanken bauen uns auf, negative Gedanken zerstören uns. Und nichts macht uns so schnell

alt und häßlich! Gedanken und Gefühle sind Energien mit Ausstrahlung auf uns und auf andere. Daher sollten wir die Kraft guter Gedanken nutzen – und die Zerstörung durch negative Gedanken vermeiden. Nur dann kann sich unsere geistige und körperliche Fitneß voll entfalten. Ich möchte Ihnen dazu ein Beispiel aus dem täglichen Leben geben. Kürzlich stand in einer großen Tageszeitung als Überschrift: »Lottogewinn 5 Millionen – Schein nicht abgegeben – tot«. Was kann man daraus lernen? Im Prinzip sind es zwei Dinge: Einmal, daß man nicht in ferne Länder reisen muß, um solche »Wunder« zu erleben, nicht zu den Woodoo-Medizinmännern in Afrika und nicht zu geheimnisvollen Schamanen in Hawaii oder Haiti. Nein, es geschieht mitten unter uns und tagtäglich! Zum anderen kann man erkennen, wie stark negative Gedanken sind, so daß sie uns sogar töten können. Dieser 47jährige Mann war nämlich medizinisch vollkommen gesund, alle seine Laborwerte waren normal – und doch starb er durch die Kraft seiner eigenen negativen Gedanken. Wir kennen diese Kräfte und haben diese Erkenntnis auch in unserer Sprache festgelegt. Man kann durch die gedankliche Reaktion auf ein Ereignis plötzlich sterben. Dann sagt man: »Ihn hat der Schlag getroffen.« Und wenn es länger dauert, heißt es: »Er hat sich totgeärgert.« In dem genannten konkreten Beispiel hat sich dieser relativ junge Mann in elf Tagen buchstäblich totgeärgert. Man mag das vielleicht noch verstehen, aber man sollte sich auch nicht täuschen; denn in einer abgemilderten Form erleben das viele von uns – und zwar täglich. Man ärgert sich über die verschiedensten Dinge und wundert sich dann, daß man sich unwohl und müde fühlt. Machen Sie sich deswegen unbedingt klar, daß Gedanken Energien sind, und lernen Sie, richtig mit ihnen umzugehen. Sonst haben alle Bemühungen um Gesundheit und Fitneß und auch alle medizinischen Untersuchungen und Labortests keinen Sinn.

Sicher gibt es noch viele andere Beispiele aus dem täglichen Leben, aber das eine Beispiel zeigt schon klar, daß Gedanken sehr starke Auswirkungen auf uns, auf unsere Organe und Körperfunktionen haben können – und zwar ohne daß man das auf irgendeine Weise messen kann. Warum ist das so? Die Antwort lautet: Unser Gehirn ist eine machtvolle Energiezentrale und sendet seine Energien über das Nervensystem in alle Körperzellen. Jeder Gedanke kann jede Körperzelle über das Nervensystem erreichen! Die Nervenleitungen sind mit elektrischen Drähten vergleichbar, die »durchbrennen« können, wenn in ihnen der falsche Strom fließt. Das wissen wir ganz gut aus der Technik und passen dort auch auf, daß das nicht passiert. Bei den Nervendrähten aber ist es genauso! Wenn in ihnen der falsche Strom in Form von negativen Gedanken fließt, werden unsere Körperzellen geschädigt und unsere Körperfunktionen gestört. Manchmal spüren wir dieses »Brennen« buchstäblich auch als Brennen in der Brust, im Bauch oder auch im Kopf.

Gedanken werden aber auch in unsere Umgebung ausgestrahlt und übertragen. Viele Menschen, die geistig eng miteinander verbunden sind, machen zum Beispiel immer wieder die Erfahrung, daß Gedanken übertragbar sind. Haben Sie nicht auch schon folgende Erfahrung gemacht: Sie wollten Ihren Lebenspartner zu Hause anrufen, und das Telefon war besetzt. Kaum haben Sie eingehängt, läutete Ihr Telefon – und Ihr Lebenspartner war am Apparat. Sie hatten beide gleichzeitig den gleichen Gedanken gehabt, sich gegenseitig anzurufen. Auch wollen wir manchmal das gleiche sagen wie unser Gegenüber und sprechen dann von Gedankenübertragung. Schließlich ist es auch eine ganz alltägliche Erfahrung, daß uns negative Menschen oder Menschen mit Depressionen müde und niedergeschlagen machen. Und wenn jemand schlechte Laune hat, breitet sich das im Umfeld aus und beeinflußt alle Menschen in der Umgebung, so daß wir von »dicker Luft« sprechen.

Neuere Forschungen zeigen, daß die Kraft unserer Gedanken über unsere Person hinauswirkt. So kann man zum Beispiel die durch Gedanken im Gehirn erzeugten Gehirnströme verstärken und auf diese Weise bestimmte Apparate bedienen. Auch gibt es zunehmend

Berichte darüber, wie gelähmte Menschen den Cursor eines Computers allein mit ihrer Gedankenkraft bedienen können. Es gibt Versuche bei der NASA, wie Piloten, falls sie einmal bewegungsunfähig sein sollten, allein mit ihrer Gedankenkraft Befehle weitergeben, den Autopiloten einschalten und trotz ihrer Bewegungsunfähigkeit nur über die Gedankenkraft sicher landen können.

Wenn man sich im klaren darüber ist, daß Gedanken Energien sind, und zwar mit Auswirkungen auf uns und auf andere Menschen, dann sollte man noch mehr darauf achten, welche Art von Gedanken man in seinem Gehirn duldet. Man sollte sein Gehirn ständig und regelmäßig von negativen Gedanken befreien und es säubern. Genau wie man Körperhygiene betreibt, indem man seinen Körper sauberhält und pflegt, sollte man auch sein »Gedankengewand« regelmäßig säubern und reinigen, indem man bewußt »Gedankenhygiene« betreibt. Denn die Zusammenhänge sind ganz einfach: Gute Gedanken bringen Gutes mit sich, böse Gedanken bringen Böses mit sich: denn Gedanken haben die Tendenz, Wirklichkeit zu werden. Daher ist es für unsere Gegenwart wie auch für unsere Zukunft wichtig, was wir denken und wie wir denken.

Negative Gedanken sind andererseits aber auch etwas ganz Normales. Das Negative gehört zum täglichen Leben. Es ist sogar notwendig – denn wenn es das Negative nicht gäbe, müßte man sich nicht anstrengen, positiv zu denken. Es gäbe diese Möglichkeit des geistigen Wachstums nicht.

Aber es kommt noch etwas hinzu: Ohne geistige Schulung und Disziplin erliegt man dem Negativen, weil die Beschäftigung mit dem Negativen momentan Lustgefühle erzeugt. Man konnte wissenschaftlich nachweisen, daß die Beschäftigung mit dem Negativen zur Ausschüttung von Lusthormonen führt. Daher neigt der Mensch von Natur aus zum Negativen! Diese normale Neigung muß man kennen, damit man nicht den Mut verliert und beim Bemühen um positives Denken vorzeitig aufgibt.

Die Macht der Gefühle

Wir haben also folgendes Problem: Die Beschäftigung mit dem Negativen verschafft uns momentane Lustgefühle. Daher lechzt der Mensch geradezu nach dem Negativen. Darauf beruht auch die Erkenntnis: »Only bad news are good news« (nur schlechte Nachrichten sind gute Nachrichten). Wenn man sich aber mit dem Negativen beschäftigt hat, und die Lusthormone verschwunden sind – dann hat man die Schwingungen des Negativen in sich. Und die bereiten uns Unlustgefühle. Man möchte diese Schwingungen dann natürlich wieder loswerden und sich von ihnen befreien. Dazu dient einmal die Entspannung (siehe Seite 76 ff.), zum anderen sollte sich aber mit der Zeit ein gewisser Lerneffekt einstellen. Wenn man immer wieder diese Erfahrung gemacht hat – Lustgefühl während der Beschäftigung mit dem Negativen, Unlustgefühle danach –, dann sollte man sich allmählich entscheiden, was man will. Oder mit anderen Worten: Man sollte während der Beschäftigung mit dem Negativen auch an das Gefühl danach denken. Auf diese Weise kann man, noch während man sich mit dem Negativen beschäftigt, die Situation so steuern, daß sie in das Positive mündet.

Ohne geistige Schulung, Wachsamkeit und Willenskraft wird man aber trotzdem immer wieder derselben Versuchung erliegen, weil das Negative zunächst ergiebiger erscheint. Das Negative »gibt eben mehr her«. Man ist oft der Meinung, daß dieses oder jenes unbedingt noch gesagt werden muß – mit der Begründung: »Es ist doch wahr!« – und daß man dann, wenn man alles Negative gesagt und ge-

dacht hat, schon positiv sein wird. Aber das geht nicht. Das ist ein sich immer wiederholender Trugschluß. Wenn man Gefallen am Negativen hat und dabei sogar noch Lust empfindet, wird man dieser Lust so lange frönen, bis wirklich alles Negative gesagt ist. Aber dann ist man negativ, weil man die selbsterzeugten negativen Schwingungen in sich hat. Die einzige Lösung besteht darin, Lust an positiven und guten Gedanken und Gefühlen zu empfinden – und zwar mehr Lust, als man beim Umgang mit dem Negativen verspürt. Das ist eine prinzipielle Frage und eine Frage der Einstellung und der geistigen Antenne. Wenn man sich aber einmal für das Positive sensibilisiert hat, wird man es im Laufe der Zeit lustvoller empfinden als das Negative. Die Entwicklung dieser geistigen Antenne für das Gute und das Positive erfordert nur einige Zeit der Disziplin und der geistigen Wachsamkeit. Aber dieser Aufwand lohnt sich! Denn wenn man einmal diese geistige Antenne und Sensibilität für das Gute und Positive entwickelt hat, geht sie schließlich »in Fleisch und Blut« über. Dann hat man ganz automatisch und mit Vorliebe gute Gedanken. Und diese guten Gedanken bauen uns auf, stärken unsere Lebenskraft und verlängern unser Leben. Um das zu erreichen, braucht man nur einige einfache zeitlose Naturgesetze zu beachten und sich einige gute Gefühle wie Freude, Optimismus und Begeisterung zu eigen zu machen.

Geistige Grundgesetze

Im sichtbaren Bereich der Natur gibt es Naturkräfte und Naturgesetzen, die uns meist sehr gut vertraut sind, wie zum Beispiel die Erdanziehung (Gravitation), die Fallgesetze, die Pendelgesetze oder auch die magnetische Anziehungskraft von Nord- und Südpol. Auch in den Naturgesetzen des Körpers kennt man sich recht gut aus. Wenn wir aber die Erfahrung machen, daß es in allen Bereichen der Natur und unseres Körpers Naturgesetze gibt – wäre es da nicht unlogisch anzunehmen, es gäbe sie im geistigen Bereich nicht? Trotzdem sind viele Menschen und auch Wissenschaftler auch heute noch der Meinung, daß es in der Natur gesetzmäßig zugeht – im Bereich des Geistes und der Seele aber ein Chaos herrsche. Das kommt daher, daß unsere auf die Materie ausgerichteten Naturwissenschaften nicht die Möglichkeit haben, in den geistigen Bereich vorzudringen und die dort geltenden Naturgesetze zu erforschen. Und doch gibt es hinter dem sichtbaren Bereich der Materie unsichtbare Kräfte und Naturgesetze, die fast noch wichtiger sind, weil sie das Reich der Materie durchdringen. Deswegen wollen wir uns im folgenden mit den wichtigsten zeitlosen geistig-seelischen Naturgesetzen befassen, weil sie die Grundlage für unsere geistige und körperliche Fitneß darstellen und sie uns von innen heraus bestimmen und beeinflussen.

Nicht verletzen

Wenn man jemand verletzt, erzeugt man sehr starke negative Energien. Und irgendwann kommen diese starken negativen Energien wieder auf uns zurück. Dann blockieren sie uns und rauben uns Lebenskraft. Das wäre völlig unnötig. Diesen Verlust an Lebenskraft kann man nämlich ganz einfach vermeiden, wenn man dieses Gesetz kennt und richtig anwendet. Die Entwicklung des Menschen ist zumindest in unseren Breitengraden soweit vorangeschritten, daß man nicht mehr jeden Menschen »an die Gurgel« geht, der einen attackiert oder beleidigt oder aggressiv behandelt. Das hat der Mensch also inzwischen gelernt, daß er andere Menschen nicht so ohne weiteres körperlich verletzen darf, weil das sehr schädliche Folgen für alle Beteiligten hat. Lernen muß der Mensch allerdings noch, daß dieses Naturgesetz nicht nur im körperlichen Bereich gilt, sondern auch im geistig-seelischen Bereich. Das heißt, dieses Gesetz gilt genauso, wenn wir andere Menschen mit Worten verletzen. Auch dann erzeugen wir sehr starke negative Energien, die irgendwann einmal wieder auf uns zurückkommen. Das wird in der heutigen Zeit noch viel zu wenig beachtet. Doch an vielen Beispielen in der Welt der Prominenz wird uns immer wieder

demonstriert, wie dieses Gesetz wirkt: Wer andere mit Worten – und noch dazu öffentlich – verletzt, schadet sich selbst. Auch wenn man dieses Gesetz kennt, muß man wissen, daß der Mensch offenbar eine angeborene Neigung dazu hat, andere Menschen zu verletzen. Manche Talkmaster verfolgen im Fernsehen offenbar ganz bewußt diese Strategie, nämlich öffentlich andere Menschen zu verletzen, mit dem einzigen Ziel, ihre Einschaltquoten zu erhöhen. Das funktioniert aber nur deswegen, weil die Menschheit, die ja die Grundlage für die Einschaltquote bildet, offenbar Gefallen daran hat, zu sehen und zu hören, wie andere Menschen verletzt werden. Auch Bücher, deren Inhalt es ist, andere Menschen zu verletzen, verkaufen sich aus dem gleichen Grunde sehr gut. Da aber das geistige Gesetz vom Nicht-Verletzen im Hintergrund trotzdem wirkt, kann man oft die Beobachtung machen, daß die so erzeugten negativen Energien doch irgendwann auf den Autor zurückfallen und ihm schaden.

Wir stellen also fest, daß der Mensch sowohl die Neigung hat, Freude am Negativen zu empfinden, als auch die Neigung, andere Menschen zu verletzen. Gleichzeitig verlangt und empfindet er jedoch, daß man unbedingt positiv sein müsse und auch gut zu anderen Menschen – weil es eben die besseren Energien sind. Aus diesem Dilemma kommt man nur heraus, wenn man diese Zusammenhänge kennt und daraus den einzig richtigen Schluß zieht: Man muß diesen Neigungen widerstehen und die ehrliche Bereitschaft entwickeln, sich dem Guten zuzuwenden. Diese Bereitschaft zum Guten schließt gleichzeitig die Bereitschaft zum positiven Denken wie auch zum Nicht-Verletzen anderer Menschen mit ein. Man kann andere Menschen aber nicht nur durch Worte, sondern auch durch Gedanken verletzen. Auch dann werden negative Energien erzeugt – mit Ausstrahlung auf uns selbst und auf andere. Man sollte also auch daran arbeiten, von anderen Menschen nicht nur gut zu sprechen, sondern auch gut von ihnen zu denken.

Wie setzt man sich durch – ohne Gewalt?

Wir leben in einer Welt, die durch starke negative Energien und zunehmend von Egoismus und Materialismus geprägt ist. Die Antwort ist: Man muß auch lernen, in einem solchen Umfeld als gesunde, harmonische Persönlichkeit zu überleben. Sonst hat das Ganze ja keinen Sinn. Die Antwort kann nicht lauten: Machen Sie es doch genauso! Es kann nicht das Ziel sein, sich in der heutigen Zeit nur dann durchsetzen zu können, wenn man es genauso wie andere macht, und seinen Charakter ändern muß, um sich durchzusetzen. Denn Erfolge, die man auf diese Weise erzielt, sind keine wahren Erfolge. Man muß auch in der heutigen Zeit so handeln, daß man selbst noch »in den Spiegel schauen« kann. Das einzige Rezept dazu ist der prinzipielle Entschluß, sich für das Gute zu entscheiden, niemanden persönlich zu verletzen und der Sache zu dienen. Man sollte sich immer bemühen, sachlich zu bleiben, und sich davor hüten, persönlich verletzend zu werden. Und wenn man mit Personen zu tun hat, die einen persönlich verletzen, sollte man sofort und energisch darauf hinweisen, man möge doch bitte sachlich bleiben. Sollten Sie manchmal im Zweifel sein, wie man richtig vorgeht, kann die Geschichte von der Klapperschlange vielleicht helfen (siehe Kasten).

Die Geschichte von der Klapperschlange lehrt, wie man sich energisch und sachlich durchsetzen kann – ohne persönlich verletzend zu werden oder »Gift zu versprühen«. Man kann dafür kein allgemeines Rezept angeben, weil jede Situation unterschiedlich ist. Aber man kann eine feine Antenne dafür entwickeln, wann man noch »rasselt« und wann man schon »Gift versprüht«. Dabei geht es nicht um Moral oder Ethik, sondern allein um die Energien, mit denen man dabei umgeht. Wenn man fit und gesund sein will, muß man lernen, auf allen Ebenen mit guten Energien umzugehen, denn diese geben uns die meiste Kraft.

Das Prinzip der negativen Kritik

Eine weitere häufige Quelle starker negativer Energien ist die Gewohnheit, andere Menschen negativ zu kritisieren. Das ist eine weitere

Neigung des Menschen, die sich allmählich und wie von selbst verstärkt, wenn man ihr nicht Einhalt gebietet. Das Wesen der negativen Kritik besteht darin, andere Menschen kleiner zu machen, um sich

GUT ZU WISSEN

Die Geschichte von der Klapperschlange

Einst begegnete eine Klapperschlange im indischen Dschungel einem Yogi. Sie beneidete ihn wegen seiner Ausstrahlung. Sie fragte den Yogi, wie man so werden kann wie er. Da erzählte er der Klapperschlange von den zeitlosen geistigen Gesetzen. Besonders beeindruckte die Klapperschlange das Gesetz von der Gewaltlosigkeit. Als nun der Yogi weiterwanderte, übte sich die Klapperschlange in Gewaltlosigkeit. Als nun einige Kinder des Weges kamen, wunderten sie sich über die Schlange und zupften sie am Schwanz. Aber die Schlange wehrte sich nicht. Da wurden die Kinder mutiger, nahmen die Klapperschlange und schleuderten sie gegen die Felswand. Schließlich bewarfen sie sie noch mit Steinen und traten sie mit ihren Füßen. Kurz: Der Klapperschlange ging es sehr schlecht.

Als nun nach einigen Wochen der Yogi wieder an diesen Ort zurückkehrte, erschrak er, denn die Schlange lag fast sterbend im Straßengraben. Er fragte sie, was denn geschehen sei. Da sagte die Schlange: »Ich habe deine Gesetze befolgt – und so ist es mir ergangen.« Der Yogi ließ sich noch einmal alles genau erzählen und sagte dann zu der Klapperschlange den wichtigen Satz: »Du hast mich falsch verstanden. Ich habe dir gesagt, daß du kein Gift mehr versprühen sollst – aber ich habe dir nicht gesagt, daß du nicht mehr rasseln sollst!«

Das ist die Moral dieser Geschichte: Man soll sich sachlich durchsetzen und »rasseln«, wenn es notwendig ist – aber man soll sich davor hüten, persönlich verletzend zu werden, indem man »Gift versprüht«.

selbst größer erscheinen zu lassen. Diese Neigung ist heutzutage deswegen so stark verbreitet, weil fast jeder Mensch unter irgendwelchen Minderwertigkeitskomplexen leidet. Wenn man sich aber selbst klein fühlt, hat man grundsätzlich das Bedürfnis, andere Menschen noch kleiner zu machen, um sich größer zu fühlen. Negative Kritik nützt aber niemandem, sondern erzeugt nur schädliche Gegenkräfte. Hat man einmal selbst negative Kritik erfahren, weiß man, wie man sich danach fühlt. Und genauso geht es anderen Menschen, die von uns negativ kritisiert werden. Auch hier geht es nur darum, welche Energien man in die Welt setzt, und mit welchen Energien man dabei umgeht. Außerdem gibt es zwei wichtige Naturgesetze, die durch negative Kritik in Gang gesetzt werden:

1. Der Kritiker vergiftet sich selbst.
2. Was man aussendet, kehrt zu einem zurück – denn keine Energie geht verloren.

Wenn das Prinzip der negativen Kritik darin besteht, andere kleiner zu machen, um selbst größer zu erscheinen, und wenn man negative Kritik aus den genannten Gründen vermeiden will, muß man an sich selber arbeiten und mehr Selbstvertrauen aufbauen. Erst dann fühlt man sich selbst so groß, daß man andere Menschen so groß lassen kann, wie sie sind. Auch muß man wissen, daß andere Menschen nicht unbedingt schlecht sind – sie handeln nur schlecht, weil sie es nicht anders wissen. Und wie man Unwissenheit auch Kindern nicht zum Vorwurf macht, sollte man das auch nicht bei erwachsenen Menschen tun, die sich geistig-seelisch noch auf einer niedrigen Entwicklungsstufe befinden. Seien Sie selbst dankbar, daß Sie in der Lage sind, diese Zusammenhänge zu erkennen. Dadurch entwickeln Sie Ihre Toleranz – denn Toleranz ist die Ehrfurcht vor dem Leben in jeder Entwicklungsstufe.

Das Prinzip der positiven Kritik

Wie bei allen Dingen gibt es auch bei der Kritik zwei Seiten, eine negative und eine positive. Die negative Kritik haben wir besprochen. Sie sollte man wegen der durch sie erzeugten negativen Energien ver-

»Das gefällt mir. Das haben Sie gut gemacht!« Lob macht produktive Energien frei.

meiden. Das bedeutet aber nicht, daß Kritik immer negativ ist – denn es gibt auch eine positive. Das Motiv der positiven Kritik ist aber ein ganz anderes: Man möchte sich bei der positiven Kritik nicht selbst größer erscheinen lassen – sondern anderen Menschen helfen. Das ist ein ganz anderes Motiv. Der Unterschied ist auch leicht zu erkennen. Wenn man nämlich als Einleitung der Kritik sagen kann: »Ich möchte dir helfen. Daher muß ich dir das sagen ...« – dann ist diese Kritik positiv. Sie ist sogar notwendig und nützt anderen Menschen. Durch positive Kritik kann man anderen Menschen helfen, Fehler zu vermeiden und richtig zu handeln. Trotzdem ist auch der Mensch gegenüber positiver Kritik sehr empfindlich. Daher sollte man, wenn man der Meinung ist, anderen Menschen auf diese Weise helfen zu müssen, das nur unter vier Augen tun und auch die positive Kritik sehr vorsichtig und einfühlsam formulieren.

Lob macht produktive Energien frei

Auf die Idee, andere Menschen zu loben, kommt man heute nur noch selten, wie Sie vielleicht aus eigener Erfahrung wissen. Das hat verschiedene Gründe. Zum einen sind es die genannten Minderwertigkeitskomplexe, unter denen viele Menschen – auch oder gerade in Führungsebenen – leiden, ohne es sich selbst oder gar anderen gegenüber zuzugeben. So wird ein Minderwertigkeitskomplex oft zu einem Überheblichkeitskomplex, der nicht gerade die Bereitschaft fördert, andere Menschen zu loben, weil man befürchtet, andere Menschen dadurch größer zu machen. Und das will man auf keinen Fall, wenn man sich selbst klein fühlt. Ein weiterer Grund, warum es heute so wenig Lob gibt, ist die Tatsache, daß man im Leistungszeitalter der Weltgeschichte von jedem Menschen immer Höchstleistung verlangt. Deswegen sind gute Leistungen ein »Normalzustand« – und man ist der Meinung, daß sie keines Lobes bedürfen.

Beide Annahmen sind aber völlig falsch! Erinnern Sie sich doch selbst einmal daran, wie Sie sich fühlten, als Sie das letzte Mal gelobt wurden. War das nicht ein herrliches Gefühl? Und wollen Sie das nicht immer wieder erleben? Man braucht also keine Angst zu haben, daß Lob Menschen größer macht und sie vielleicht deswegen den Gehorsam verweigern, sondern gerade das Gegenteil ist der Fall: Lob macht die Menschen zu Wiederholungstätern! Lob ist die beste Motivation, die es gibt. Während negative Kritik fast alle produktiven Energien blockiert und zerstört, macht Lob viele produktive Energien frei. Daher sollte man – genau wie man jeden Tag eine gute Tat vollbringen sollte – auch jeden Tag einen Menschen loben. Machen Sie es sich also zur Gewohnheit, Menschen, die etwas gut gemacht haben, das auch zu sagen, zum Beispiel ganz konkret mit dem Satz: »Das gefällt mir!« Wenden Sie doch diese Zauberformel täglich an und erleben Sie selbst, welche Energien Sie damit freisetzen – bei sich und bei anderen.

Ehrlichkeit

Der Mensch hat viele Fehler. Manche meinen, sie hätten Tausende von Fehlern. Aber in Wirklichkeit hat der Mensch nur wenige Hauptfehler – die aber richtig. Ohne geistige Schulung verstärken sie sich im Laufe des Lebens. Die beiden Hauptfehler der Menschheit, die vielleicht bereits 80 Prozent aller Fehler ausmachen, sind: andere Menschen verletzen (dazu gehört auch die negative Kritik) und lügen. Wenn man diese beiden Hauptfehler beseitigen könnte, würde es auf der Welt schon sehr viel friedlicher und harmonischer

zugehen. Lassen wir aber andere Menschen in Ruhe und beginnen bei uns selbst. Über Lügen und ihre Häufigkeit gibt es zahlreiche wissenschaftliche Studien. Man kann dabei verschiedene Arten von Lügen unterscheiden:

Lügen vom Typ Drückeberger (etwa 50 Prozent aller Lügen) dienen dazu, uns Unannehmlichkeiten zu ersparen. Es sind meist Ausreden, die es uns ermöglichen, etwas nicht tun zu müssen.

Lügen vom Typ Charmeur (etwa 25 Prozent aller Lügen) dienen dazu, das Leben freundlicher zu gestalten. Man macht vielleicht Komplimente, die etwas übertrieben sind – oder man wünscht jemand einen »Guten Tag« und denkt sich etwas anderes dabei.

Lügen vom Typ Hochstapler (etwa 20 Prozent aller Lügen) werden benutzt, um sich selbst in einem besseren Lichte darzustellen, ohne daß dies der Wirklichkeit entspricht. Wenn man auf diese Weise anderen Menschen schadet, geht man mit negativen Energien um.

Lügen vom Typ Intrigant (etwa 10 Prozent aller Lügen) sind die gefährlichsten und schädlichsten Lügen, weil sie gezielt in die Welt gesetzt werden, um anderen Menschen zu schaden.

Wissenschaftliche Untersuchungen haben gezeigt, daß der Durchschnittsmensch etwa fünfmal pro Stunde nicht ganz ehrlich ist. Manche Menschen sind auch der Meinung, daß Lügen einfach zum Alltag gehören, um das Leben erträglicher zu gestalten. Und wieder andere sagen, es sei sehr einfach, bei der Wahrheit zu bleiben – zum Lügen braucht man jedoch Phantasie. Man muß selbst entscheiden, wo man die Grenze zieht. Bedenklich wird es allerdings, wenn man Lügen vom Typ Hochstapler und vom Typ Intrigant dadurch sanktioniert, indem man sie als »clever« bezeichnet. Man kann nicht auf der einen Seite zeitlose Werte mit Füßen treten und auf der anderen Seite jammern, daß es heute keine Werte mehr gibt. Auch hier muß man sich entscheiden – und wieder nicht aus Gründen der Moral und Ethik, sondern aus rein physikalischen Gründen. Es geht um die Energie, die man in die Welt setzt.

> **GUT ZU WISSEN**
>
> **Test mit dem Lügendetektor**
> Der Proband schreibt heimlich eine Zahl zwischen eins und zehn auf einen Zettel. Dann wird er an den Lügendetektor angeschlossen. Der Versuchsleiter fragt: »Haben Sie eine Eins notiert, eine Zwei ...« Zehnmal soll der Kandidat mit Nein antworten. Das ist vorher so vereinbart. Es geht dabei um nichts. Weder um Freiheit oder Gefängnis noch um Beförderung oder Kündigung. Nur ein Spiel. Nichts leichter also, als ganz cool zu bleiben. Dennoch überführt das Instrument diesen Menschen, wenn er lügt:
>
> - Blutdruck und Puls steigen.
> - Die Atmung wird schneller, flacher oder tiefer.
> - Das Blut strömt in die Muskulatur und in die Haut.
> - Der Schweiß bricht aus. Die Handflächen werden feucht. Der Hautwiderstand wird geringer.
> - Der Körper aktiviert die Streßreaktion, das interne Flucht- und Kampfprogramm – automatisch und auch gegen seinen Willen.

Trotz der Häufigkeit der Lügen im Alltag ist der Mensch von Natur aus ursprünglich auf Wahrheit programmiert, wie die Untersuchungen mit Lügendetektoren beweisen.

Wir können vielleicht lügen, ohne rot zu werden – aber nicht ohne zu transpirieren oder zumindest etwas feuchtere Haut oder unruhige Augen zu bekommen. Es mag zwar sein, daß man sich mit der Zeit an das Lügen gewöhnt und keine stärkeren Reaktionen im Körper mehr auslöst, aber Lügen ist dann trotzdem immer noch eine negative Energie. Und es geht uns ja darum, alles zu vermeiden, was unsere Energieentfaltung blockiert, um dadurch mit der Energie, die uns zur Verfügung steht, mehr zu erreichen. Ehrlichkeit ist auf jeden Fall die größere Kraft, aber sie muß auch so verpackt sein, daß sie nicht verletzt. Man sieht hier, wie auch die geistigen Naturgesetze zusammenwirken und sich gegenseitig beeinflussen. Der erste Schritt zur Besserung besteht darin, sich vorzunehmen, weniger zu lügen und sich mehr in Richtung Wahrheit zu bewegen, mit dem Ziel, sich immer mehr der Ehrlichkeit zu nähern.

Dann tritt nämlich noch ein weiteres geistiges Naturgesetz in Kraft: Wenn man sich mit dem Naturgesetz der Ehrlichkeit zunehmend in Einklang versetzt, bekommt das, was man sagt, eine viel größere Kraft. Wenn man einmal von Ihnen sagen wird: »Wenn der (oder die) das gesagt hat, dann stimmt es!«, haben Sie dieses Ziel erreicht.

Zufriedenheit

Zufriedenheit gibt Ruhe, Gelassenheit und seelische Kraft. Aber man muß sich auch klarmachen, daß Zufriedenheit in erster Linie nicht von äußeren Bedingungen abhängt, sondern eine geistige Einstellung ist. Sicher gibt es äußere Umstände, die gute Voraussetzungen für Zufriedenheit schaffen würden – aber eine Garantie sind sie nicht. Man sollte daher in seinem Leben öfter innehalten und sich bewußt machen, was man hat, und nicht immer daran denken, was man nicht hat. Auch wenn es nicht stimmt, wenn man sagt, daß Reichtum immer unglücklich macht, so ist doch umgekehrt Reichtum keine Garantie für Zufriedenheit. Man sollte sich also von der Wenn-dann-Mentalität lösen und sich in Zufriedenheit üben. Wenn man nämlich das ganze Leben lang gearbeitet hat und dann nicht fähig ist, zufrieden zu sein – was hat dann diese ganze Arbeit genützt? Wenn man unzufrieden ist, kann man auch nicht positiv denken, weil Gefühle stärker als Gedanken sind. Und das Gefühl der Unzufriedenheit bereitet den Boden für Frustration und negative Gedanken. Wenn Sie also positiv denken wollen, sollten Sie sich auch in dem Gefühl der Zufriedenheit üben. Aber das Gefühl der Zufriedenheit sollte nichts an dem wichtigen Grundsatz ändern: »Man muß es halt nehmen wie es kommt – aber man sollte sich auch bemühen, daß es so kommt, daß man es nehmen kann!«

Disziplin

Ohne Disziplin kann man nichts erreichen. Das Wort »Disziplin« kommt von dem lateinischen Wort »discipulus«, was soviel wie »Schüler« heißt und ausdrückt: Ohne Disziplin lernt man nichts! Nun mag es unpopulär erscheinen, wenn man in der heutigen Zeit von Disziplin spricht, in der man viel lieber Worte wie »Spaß« und »genießen« hören will. Doch darum geht es hier nicht, sondern wir befassen uns mit den Naturgesetzen, die nun einmal so sind, wie sie sind. Der Versuch des Menschen, die Naturgesetze an seine Wünsche und Neigungen anzupassen, ist noch niemals gelungen, sondern es ist immer umgekehrt: Der Mensch muß lernen, sich an die Naturgesetze anzupassen. Erst dann geht es ihm richtig gut. Dazu ist ein bißchen Disziplin auf jeden Fall notwendig. Auch ist es ein Trugschluß, daß Disziplin immer einengt und unfrei macht. Das Gegenteil ist der Fall: Wenn man sich willenlos seinen Neigungen hingibt, wird man schließlich zum Sklaven seiner Sinnesorgane und verliert seinen freien Willen. Worte wie Eßsucht, Brechsucht, Magersucht und Fettsucht bringen das ganz gut zum Ausdruck. Der große indische Yogi und Staatsmann Mahatma Gandhi hat das einmal so ausgedrückt: »Wenn du deinen Gaumen nicht beherrschen kannst – wie willst du dein Leben beherrschen?« Was ist also am besten zu tun? Am besten wäre es, so zu leben, daß einem das Spaß macht, was richtig ist – und das geht eben nur durch eine gewisse Disziplin. Man muß auch lernen, manchmal zu sagen: »Ich brauche das jetzt nicht.« Durch das »jetzt nicht« hat man nicht das Gefühl, auf ewige Zeiten darauf zu verzichten. Es geht nur um die momentane Loslösung von der fixen Idee, etwas unbedingt jetzt haben zu müssen. Diese Fähigkeit zur Loslösung von den Sinnesorganen schafft uns innere Freiheit und gibt uns die Kraft, auch andere Dinge in unserem Leben in den Griff zu bekommen. Die Fähigkeit des Loslassens wird vor allem durch Entspannung (siehe Seite 76 ff.) entwickelt.

Liebe und Hingabe

Man kann im Leben nicht alles mit dem Kopf allein erreichen. Man braucht auch Liebe und Hingabe, um seine Lebensziele zu verwirklichen. Und man braucht Zeit und Geduld. Nicht umsonst sagen viele Menschen, daß sich erst jetzt in der

Lebensmitte oder sogar noch etwas später die Jugendträume verwirklicht haben. Der Mensch braucht diese Träume, die die Kraft haben, Wirklichkeit zu werden. Aus diesen Träumen schöpft er seine Energie, um den Alltag und sein Leben zu meistern. Deswegen träumen Sie Ihre Träume und machen Sie sich neue, für die es sich lohnt, fit und gesund zu sein. Denn Gesundheit und Fitneß als Selbstzweck haben keinen Sinn – man muß auch wissen, wofür. Wenn man nur mit dem Kopf Gebote und Verbote beachtet, wird man sein Ziel nicht erreichen. Man braucht auch Hingabe und Liebe für den Weg, den man zu gehen beschlossen hat. Hingabe und Liebe sind sehr starke und daher sehr wichtige seelische Kräfte, die uns jedes Ziel erreichen lassen.

Optimismus und Begeisterung

Optimismus und Begeisterung sind die Gefühle, die uns die meiste Kraft geben. Ein Optimist ist ein Mensch, der in jeder Situation das Beste sieht. Ein Pessimist ist ein Mensch, der in jeder Situation das Schlechte sieht – auch wenn es noch so versteckt ist. Er zieht es mit der ganzen Kraft seiner negativen Antenne geradezu an. Das bekannteste Beispiel für den Unterschied zwischen einem Optimisten und einem Pessimisten ist das halb gefüllte Glas Wein: Der Pessimist ist traurig, weil das Glas Wein schon zur Hälfte leer ist und überhaupt das ganze Leben traurig ist. Der

*Das Glas ist zur Hälfte gefüllt.
Der Pessimist sieht es schon halb leer.
Der Optimist sieht es noch halb voll.*

Optimist sieht bei dem gleichen Glas, daß es noch halb voll ist und man noch lange mit diesem halbvollen Glas feiern und lustig sein kann. Dabei ist die Realität des halb gefüllten Glases für beide gleich – aber die Einstellung und die Energien, die durch das gleiche Glas ausgelöst werden, sind bei Pessimisten und Optimisten völlig unterschiedlich, und es sind völlig unterschiedliche Energien, die durch das gleiche Ereignis in die Welt gesetzt werden. Wenn man also positiv leben will, muß man lernen, ein Optimist zu sein. Auch haben wissenschaftliche Untersuchungen ergeben, daß Optimisten länger leben als andere Menschen. Sie schlafen auch besser als Pessimisten, weil diese ständig in Angst und Sorge sind, mit negativen Energien umgehen und diese geradezu magisch anziehen. Negative Energien lassen uns aber nicht gut schlafen und zerrütten mit der Zeit unser Nervensystem. Optimisten dagegen schlafen gut, weil sie mit positiven Energien umgehen und sie auch magisch anziehen. Gute Energien lassen uns gut schlafen und bauen unser Nervensystem auf.

Wichtig ist es aber, ein Optimist zu sein, der von der Realität ausgeht. Mit dem Auto loszufahren, wenn der Tank leer ist, und sich zu sagen: »Es wird schon gutgehen!«, ist nicht Optimismus, sondern Dummheit. Das halb gefüllte Glas Wein ist aber Realität. Nur ein realistischer Optimismus ist eine positive Energie für das Leben. Daher sollte man sich um einen gesunden, bodenständigen und realistischen Optimismus bemühen und sich darin schulen, in jeder Situation, bei der andere zum Pessimismus neigen, den Nutzen und die Möglichkeiten zu sehen, die diese Situation bietet.

Und schließlich noch die allerstärkste Energiequelle, über die der

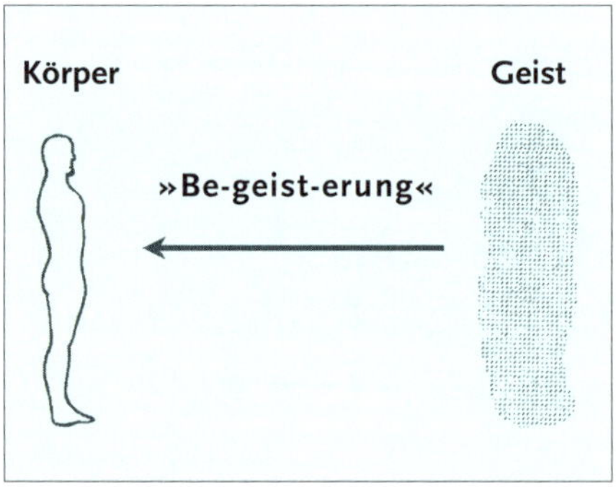

Be-geist-erung heißt, den Geist in den Körper bringen und darüber hinaus in die Umgebung abstrahlen.

Mensch verfügt: die Begeisterung! Auch dieses Wort »Be-geist-erung« drückt aus, worum es geht, nämlich den Geist in den Körper hinein zu bringen und – über ihn hinaus wirken zu lassen. Im Sport ist es eine bekannte und auch meßbare Tatsache, daß Heimspiele öfter gewonnen werden als Auswärtsspiele. Das liegt nicht am besseren Trainingszustand oder an der besseren Ernährung der Heimmannschaft – sondern an der Energie, die die zahlreichen heimischen Zuschauer durch ihre Begeisterung auf ihre Mannschaft übertragen. Man sieht allein an diesem Beispiel, daß Gedanken und Gefühle – und vor allem das Gefühl der Begeisterung – viel wichtiger und stärker sind als zum Beispiel die Ernährung. Die Ernährung ist auch wichtig, aber Begeisterung ist noch viel wichtiger. Auch wenn man ein Fußballspiel nicht gesehen hat, kann man nachträglich noch sehr gut erkennen, welche Mannschaft gewonnen und welche verloren hat. Die Verlierer gehen mit hängenden Schultern, gebeugt, schlaff, blaß und hohlwangig vom Platz. Sie sind geistig, seelisch und körperlich ausgelaugt und geschlagen, oft für

»Wenn Du ein Schiff
bauen willst,
dann trommle
nicht die Männer zusammen,
um Holz zu beschaffen,
Aufgaben zu vergeben
und die Arbeit
einzuteilen ...

... sondern lehre die
Männer die Sehnsucht
nach dem weiten
endlosen Meer.«

Antoine de Saint-Exupéry

Sieg, Glück und Begeisterung lassen die Energie nach oben fließen.

Wochen und Monate. Die Sieger dagegen verlassen den Platz, obwohl sie sich vielleicht sogar mehr angestrengt haben als die Verlierer, hocherhobenen Hauptes, aufrecht mit gerader Wirbelsäule, frisch und strahlend. Sie sind sofort wieder belastbar und schöpfen aus diesem Erlebnis Kraft für die nächsten Wochen und Monate.

Wenn man Sieger im Sport beobachtet, sieht man auch, wie die Energie buchstäblich nach oben strömt. Den Siegern reißt dieser Energiestrom förmlich die Arme nach oben. So gut wie alle Sieger im Sport heben die Arme und wenden den Blick nach oben, dorthin, wohin die Energie fließt.

Lernen Sie es, auch in der Lebensmitte Ihre Begeisterung immer wieder neu aufleben zu lassen. Seien Sie zufrieden mit dem, was Sie erreicht haben. Freuen Sie sich an der Fähigkeit, sich neue Ziele zu setzen. Und seien Sie begeistert und dankbar, daß Sie das alles tun dürfen. Freuen Sie sich an den einfachen Dingen des Lebens. Leben Sie begeistert und teilen Sie anderen Menschen Ihre Begeisterung mit; denn Begeisterung ist übertragbar. Daher: »Kopf hoch!« – damit die Energie nach oben fließt.

Das wichtigste geistige Grundgesetz

Und nun zum Schluß unserer Überlegungen über die Kraft der Gedanken und Gefühle das wichtigste geistige Grundgesetz. Es heißt:

- *Beachtung bringt Verstärkung*
- *Nichtbeachtung bringt Befreiung*

Denn unsere Gedanken haben die Kraft, Wirklichkeit zu werden. Deswegen sollte man bevorzugt an das denken, was Wirklichkeit werden soll – und nicht umgekehrt an das, was nicht Wirklichkeit werden soll. Die meisten Menschen machen es aber so: Sie leben ständig in Angst und Sorgen und ziehen dadurch gerade das magnetisch an, vor dem sie sich fürchten. Es ist keine Kunst, der Länge nach über ein breites Brett zu gehen. Wenn dieses Brett aber über einen Abgrund führt, kann man das nicht mehr, weil die Angst hinabzustürzen lähmt. Genauso ist es im Leben: Die Angst vor dem, was sein könnte, lähmt. Statistiken haben ergeben, daß 90 Prozent der Sorgen, die man sich macht, nicht eintreten, und daß von den restlichen zehn Prozent fünf Prozent nicht eingetreten wären, wenn man sich diese Sorgen nicht gemacht hätte. Denn durch Beachtung verstärkt man sie und gibt ihnen Kraft, die sie nicht gehabt hätten, wenn man sie durch Beachtung nicht verstärkt hätte.

Und noch etwas ist für das praktische Leben sehr wichtig: Man kann dieses Gesetz von der Verstärkung durch Beachtung auch nicht durch ein »nicht« aufheben. Wenn man zu einem Menschen, der zum Rotwerden neigt, sagt: »Sie brauchen jetzt nicht rot zu werden!« – so wird sein Gesicht trotzdem oder gerade deswegen rot werden. Und wenn man ein Plakat sieht, auf dem steht: »Heute kein Alkohol!« Woran denkt man? Natürlich an Alkohol. Der Mensch kann also gar nicht »nicht an etwas denken«, wie auch die Geschichte vom grünen Elefanten demonstriert (siehe Kasten Seite 72).

Dieses Naturgesetz wirkt auch bei anderen Menschen. Was Sie bei anderen Menschen beachten, verstärken Sie. Wenn Sie mit Menschen zu tun haben, die hinterhäl-

GUT ZU WISSEN

Der grüne Elefant

Ein Mann bekam einmal die Botschaft, er könne einen Schatz heben, wenn bestimmte Voraussetzungen erfüllt seien. Er müsse bei Vollmond in einem bestimmten Garten mit einem bestimmten Spaten unter einem bestimmten Baum graben, um den Schatz zu finden. Der Mann erfüllte alle diese Bedingungen und hatte die beste Aussicht, den Schatz zu heben. Es gab nur noch eine letzte kleine Bedingung, die er erfüllen mußte: Er dürfe während des Grabens nicht an einen grünen Elefanten denken. Nach fünf Minuten warf er den Spaten weg und rief: »Das ganze Leben habe ich nie an einen grünen Elefanten gedacht – und jetzt geht er mir nicht mehr aus dem Kopf!«

tig und gemein sind, so ändern Sie nichts daran, wenn Sie ihnen das täglich sagen und sich darüber beschweren. Im Gegenteil, Sie verstärken diese Eigenschaften durch Beachtung. Wenn Sie aber einmal mit einem solchen Menschen ein ehrliches Gespräch führen und danach zu ihm sagen: »Das freut mich, daß wir so ehrlich miteinander sind« – dann verstärken Sie durch Beachtung den Keim der Ehrlichkeit in diesem Menschen, auch wenn er noch so versteckt zu sein scheint. Wenn man also Menschen ändern will, geht das nicht dadurch, daß man an ihren Schwächen und Fehlern herumkritisiert, sondern dadurch, daß man die guten Seiten, die man in anderen Menschen entwickeln will, durch Beachtung verstärkt. Seien Sie wie ein Gärtner, der Keime des Guten in anderen Menschen durch Beachtung zur Entwicklung bringt! Denn das, was Sie dadurch erreichen, strahlt auch wieder auf Sie zurück und gibt auch Ihnen neue Kraft.

Gerade in der Lebensmitte und in den Jahren, die folgen, verstärkt sich die Neigung, Ängste und Sorgen vermehrt zu beachten. Aber

durch Beachtung verstärkt man sie und zieht sie geradezu magnetisch an! Man sollte daher nicht so sehr von seinen Ängsten und Sorgen, Krankheiten und Gebrechen sprechen. Man sollte dieser Neigung auch aus dem Grund widerstehen, weil man diesen Dingen durch Beachtung neue Kraft gibt. Konzentrieren Sie sich daher auf das jeweilige Gegenteil, auf das, was Wirklichkeit werden soll. Beachten Sie nicht so sehr Ihre Schwächen, sondern konzentrieren Sie sich auf Ihre Stärken.

Von Ihren Schwächen befreien Sie sich durch Nicht-Beachtung und Ihre Stärken entwickeln Sie durch Beachtung!

Der Umgang mit Stärken und Schwächen ist eine Lebenskunst, die jeder erlernen sollte. Wenn man Stärke nur spielt, ist es unecht. Man muß es auch von innen heraus sein. Die Menschheit will »Siegertypen« – aber so viele Siegertypen gibt es gar nicht. Wenn man den Siegertypen nur spielt, weil es verlangt wird, wird man bei den ersten Schwierigkeiten, Problemen und seelischen Tiefpunkten zerbrechen. Im Sport heißt es: »Nur der Mittelmäßige kann ständig in Höchstform sein.« Es ist menschlich, auch Schwächen zu haben – aber sie sollten nicht der Hauptbestandteil der Persönlichkeit und des Lebens werden. Eine Umfrage bei Frauen hat untersucht, wen Frauen mehr lieben: den starken oder den schwachen Mann. Das Ergebnis dieser Umfrage war geradezu salomonisch: Frauen lieben die Schwäche im starken Mann.

Es ist also kein Fehler, Schwächen zu haben und nicht immer als »Siegertyp« durch die Welt zu stolzieren – aber es ist wichtig, seine Schwächen zu überwinden oder das zumindest immer wieder zu versuchen. Denn Stärke bekommt man nicht geschenkt. Sie entsteht durch Überwindung der Schwäche. Man sollte sich auch immer wieder fragen: »Warum sollte ich nicht mehr zustandebringen, als man mir zutraut?«

Durch solche Erfolgserlebnisse überwindet man seine Schwächen und baut Stärke und Selbstvertrauen auf.

▸ Das Gehirn des Menschen ist auch für die moderne Hirnforschung noch weitgehend ein Rätsel. Das menschliche Gehirn läßt noch viele Fragen offen. Das kommt auch in einer Definition des menschlichen Gehirns zum Ausdruck: »Das Gehirn des Menschen ist eines der größten Wunder des unser bisher bekannten Universums.« (Prof. Dr. W. Hollmann)

▸ Es fällt auf, daß alle Gehirne gleich aussehen – gleiche Größe, gleiches Gewicht, gleiche Gestalt. Daher wird von modernen Wissenschaftlern – wie zum Beispiel von dem Nobelpreisträger Sir John Eccles – ganz offen die Meinung vertreten, daß das Gehirn ein Instrument sei, durch das der Geist wirkt.

▸ Durch diese Erkenntnis ergibt sich die logische Folgerung, daß das Gehirn nicht den Geist produziert, sondern daß es ein Instrument ist, das der Geist als Organ zum Denken benutzt.

▸ Der einzige Unterschied zwischen dem Gehirn von Genies und dem einfacher Menschen besteht in der Dichte der Vernetzung der Nervenzellen des Gehirns. Diese Verknüpfungspunkte nennt man Synapsen. Die Vernetzung, die Zahl und Größe der Synapsen sind Folge der Einwirkung des Geistes auf das Denkorgan Gehirn.

▸ Daraus folgt weiterhin: Das Gehirn ist trainierbar wie ein Skelettmuskel – und zwar das ganze Leben lang.

▸ Im menschlichen Gehirn unterscheidet man drei Bewußtseinsbereiche: Unterbewußtsein (Instinkt), Tagesbewußtsein (Intellekt) und Überbewußtsein (Inspiration). Ein weiteres wichtiges Bewußtsein ist das Bewußtsein in der gesamten Schöpfung, das kosmische Bewußtsein.

▸ Das Unterbewußtsein ist der Speicher für alle Daten, Fakten, Erfahrungen. Das Tagesbewußtsein ist die Ebene der Logik, der Vernunft und des rationalen Denkens. Das Überbewußtsein verbindet uns mit einer höheren Ebene, aus der wir unsere Kreativität, Inspiration und Intuition sowie die Lösung unserer täglichen Probleme empfangen. Das kosmische Bewußtsein in der Schöpfung enthält alle Informationen der vergangenen und zukünftigen Evolution. Es ist das größte Informationsfeld, das es gibt – und das wir mit dem Überbewußtsein anzapfen können.

- Es werden verschiedene Arten von Gedächtnis unterschieden.

- Das assoziative Gedächtnis speichert alle Begleitumstände mit. Es ist besonders wichtig, weil es Gedächtnisinhalte in den tieferen Schichten des Gehirns speichert. Von dort sind sie über lange Zeit gut abrufbar.

- Das rezitative Gedächtnis dient nur dem Auswendiglernen. Gedächtnisinhalte werden nur über kurze Zeit gespeichert.

- Außerdem gibt es ein Kurzzeit- und ein Langzeitgedächtnis.

- Wichtige Voraussetzungen für ein gutes Gedächtnis sind gute Durchblutung des Gehirns, körperliche Aktivität, Begriffsklarheit und bildhafte Vorstellung (assoziatives Gedächtnis), regelmäßige Wiederholung, Begeisterung, Entspannung, Konzentration und Meditation sowie die richtige Ernährung.

- Wenn man einige zeitlose und einfache geistig-seelische Naturgesetze kennt, kann man über einen viel größeren Energiefluß verfügen und viel bessere Voraussetzungen für die körperliche und geistige Fitneß schaffen.

- Besonders wichtige geistig-seelische Naturgesetze sind: Nicht-Verletzen, Ehrlichkeit, Zufriedenheit, Disziplin sowie Liebe und Hingabe. Man sollte lernen, sich gewaltlos – aber doch kraftvoll und sachlich durchzusetzen. Man sollte negative Kritik vermeiden, sich auf positive Kritik beschränken und sich angewöhnen, mehr zu loben.

- Gefühle sind stärker als Gedanken. Daher sind positive Gefühle noch wichtiger als positive Gedanken. Die stärksten positiven Gefühle sind Freude, Optimismus und Begeisterung.

- Das wichtigste geistige Grundgesetz heißt: Beachtung bringt Verstärkung, Nicht-Beachtung bringt Befreiung. Die Gedanken des Menschen haben die Tendenz, Wirklichkeit zu werden. Daher sollte man besonders das beachten, was Wirklichkeit werden soll. Man sollte also mehr die Stärken beachten und sich durch Nicht-Beachtung von Schwächen befreien.

Streß, Entspannung und KREATIVITÄT

Wir alle leben in einer hektischen Zeit. Streß kann uns ganz schön zu schaffen, sogar krank machen. Aber es gibt Lösungen, wenn wir lernen, auf Streß richtig zu reagieren und unseren eigenen Rhythmus zwischen Belastung und Erholung zu finden.

»

Die Streßreaktion

Es sieht oft so aus, als ob der Begriff »Streß« eine Erfindung unserer hektischen, leistungsbetonten Zeit wäre. Aber das ist nicht der Fall. Streß ist keine Erfindung unserer Zeit. Die Streßreaktion ist eine wichtige Reaktion und Reaktionsmöglichkeit aus der Urzeit, die uns das Überleben in einer gefährlichen Umwelt erst ermöglicht hat. Denn der Mensch mußte – und muß auch heute noch – in der Lage sein, in bestimmten Gefahrensituationen rasch und ohne Zeitverlust reagieren zu können. Dazu wird in Momenten der Gefahr und der Bedrohung in unserem Körper ganz automatisch eine ganze Kaskade von Umstellungen ausgelöst. So werden zum Beispiel innerhalb weniger Sekunden aus dem Gehirn und Nervensystem Impulse ausgesendet, die zur Ausschüttung von Streßhormonen führen, den Herzschlag beschleunigen, den Blutdruck steigern, die Atmung tiefer und schneller werden lassen und auch den Blutzucker erhöhen, um rasch Energie zur Verfügung zu stellen. Der gesamte Stoffwechsel wird beschleunigt und angeregt. Alle diese unbewußt und rasch ablaufenden Veränderungen versetzen den Körper in einen Zustand erhöhter Leistungsfähigkeit. Das ist eine sinnvolle und notwendige Maßnahme, wenn es darum geht, sein Leben zu retten, einem Säbelzahntiger zu entkommen, seinen Gegner zu besiegen oder auch ein Beutetier zu erjagen.

In der heutigen Zeit, in der Zivilisation, kommt das aber so nicht mehr vor, vielleicht eher im übertragenen Sinn oder wenn wir vor einem hupenden Auto schnell davonspringen müssen. Trotzdem laufen auch heute noch dieselben Vorgänge in unserem Körper genauso schnell und automatisch ab, wenn wir uns in einer Situation unter Streß gesetzt fühlen. Erscheint zum Beispiel plötzlich unser Chef am Arbeitsplatz und verlangt aggressiv, drohend oder gar brüllend, daß eine Arbeit innerhalb der nächsten Stunde fertig sein müsse – dann reagiert unser Körper wie der einer Gazelle, die sich von einem brüllenden Löwen verfolgt sieht. Während die Gazelle jetzt aber rennt und die auf Hochtouren gebrachten Körperfunktionen nutzt und verausgabt, sitzen wir ohne viel Bewegung, aber voll unter Druck, vielleicht vor einem Berg von Akten am Schreibtisch. Die Gazelle wird, wenn ihre Flucht erfolgreich war, die durch die Streßreaktion zur Verfügung gestellte Zusatzenergie verbraucht haben und ihre Körperfunktionen auf diese Weise rasch wieder in einen Ruhezustand versetzen können.

Am Schreibtisch dagegen kann der Streß – oder besser ausgedrückt: können die Folgen der Streßreaktion unseres Körpers – nicht so ohne weiteres wieder zum Ausgangsniveau abgebaut werden. Die ursprünglich überlebenssichernde Streßreaktion verkehrt sich in der heutigen Zeit paradoxerweise in ihr Gegenteil, vor allem wenn der Streß zum Dauerstreß wird. Denn dafür ist unser Körper von der Natur nicht vorbereitet, und vor allem auch nicht unser Nervensystem. Es fließt der falsche Strom in den falschen Drähten. Es kommt zu Störungen und sogar zu ausgesprochenen Streßkrankheiten, vor allem an Herz und Gefäßen, aber auch an anderen Organen (siehe Seite 80 ff.). Streßreaktion und Dauerstreß stellen also in unserer heutigen Zeit eine Gefahr für unsere Gesundheit dar. Auch wenn sich Streß nicht exakt mit Geräten messen läßt, steht doch inzwischen außer Frage, daß er als Risikofaktor bei der Entstehung von Herz-Kreislauf-Erkrankungen eine wesentliche Rolle spielt.

Entscheidend für die Auswirkungen von Streß auf Ihren Körper ist ganz wesentlich die Tatsache, wie Sie mit dem Streß umgehen. Denn dem Streß geistig »davonzulaufen«, ihm auszuweichen oder zu versuchen, ihn ganz zu vermeiden, ist keine Lösung. Streß kann uns schaden – aber Streß hat auch eine aufbauende, stärkende und gesundheitsfördernde Wirkung – gerade auch in der heutigen Zeit. Es muß nur der richtige Streß sein – oder besser ausgedrückt: Man muß lernen, auf Streß richtig zu reagieren. Denn Streß gehört zu einem normalen Leben dazu, und man kann ihn überhaupt nicht vollständig vermeiden. Damit Sie besser mit dem Phänomen »Streß« umgehen können, indem Sie sich bewußt machen, was Ihnen schadet oder was Ihnen nützt, lade ich Sie zu einem kleinen Ausflug in die Streßforschung ein.

Was ist eigentlich Streß?

Der Begriff »Streß« wurde von dem Arzt Hans Selye geprägt, und zwar schon im Jahr 1936. Er hat durch bestimmte Reize in Tierversuchen Anpassungsreaktionen festgestellt, die sich vor allem auf die Hirnanhangsdrüse (Hypophyse) und die Nebennieren auswirkten. Er hat beobachtet, wie durch ganz bestimmte Einflüsse – zum Beispiel Überanstrengung, seelische Erregung, aber auch durch Infektionen oder Vergiftungen – Abwehrreaktionen im Körper hervorgerufen werden, die sich besonders auf den Vorderlappen der Hirnanhangsdrüse (Hypophyse) und auf die Nebennierenrinden auswirken. Die Faktoren, die zu diesen Veränderungen führten, bezeichnete er als Streßfaktoren.

Die Fähigkeit, sich auf Faktoren aus der Außenwelt richtig einzustellen, wird als Anpassungsfähigkeit oder Adaptationsfähigkeit be-

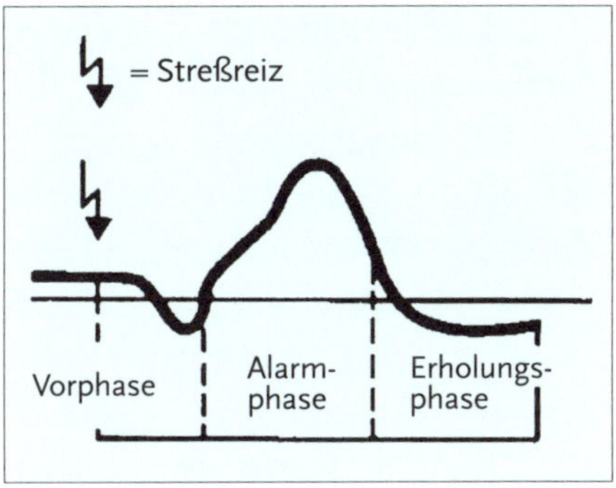

Die Stufen der Streßreaktion

zeichnet. Der Begriff »Streß« wird aber nicht nur für die normale Anpassung an Streßfaktoren benutzt, sondern vor allem auch dann, wenn im negativen Sinn die Anpassungsfähigkeit des Körpers durch Streß überfordert ist. Bei nicht ausreichender Anpassungsfähigkeit kann es nämlich bei den gleichen Streßfaktoren zu Anpassungskrisen kommen, die man als Streßkrankheiten oder Adaptationskrankheiten bezeichnet. Es kann also der gleiche Reiz einmal zur Kräftigung des Organismus, aber auch zu seiner Schädigung führen, je nachdem wie gut seine Anpassungsfähigkeit ausgeprägt ist – und zwar auf körperlicher, seelischer und geistiger Ebene.

Da dieser Urreflex der Streßreaktion auch heute noch der gleiche ist, und die gleichen Reaktionen im Körper ablaufen, muß man die Fähigkeit entwickeln, die durch die Streßreaktion ins Blut geworfenen Stoffe wieder abzubauen. Außerdem sollte man Vorkehrungen treffen, damit nicht unbedingt jedes Mal die volle Streßreaktion abläuft, wenn man sie gar nicht braucht. Man benötigt dazu eine bestimmte geistige Einstellung, eine stabile Persönlichkeitsstruktur und ein bestimmtes Maß an körperlicher Aktivität. Vor allem muß man verhindern, daß es zu einer Daueranspannung kommt, von der man sich nicht so leicht lösen kann. Denn diese Daueranspannung führt zu zahlreichen Störungen wie zum Beispiel Nackenverspannungen, Kopfschmerzen, Kopfdruck, Herzbeschwerden, Brennen in der Brust, Bauchschmerzen, Rücken- und Wirbelsäulenbeschwerden. Außerdem steht das gesamte Nervensystem ständig unter »Strom«. Das Gehirn ist aber unsere wichtigste Energiezentrale. Die Gehirnenergie ist es, die unsere Lebenskraft ausmacht. Wenn die Gehirnenergie entleert wird – durch ständigen »Stromverbrauch« und fehlende Wiederaufladung –, dann ist der »Akku« bald leer. Man fühlt sich »ausgebrannt«, ohne Lebensenergie – das Burnout-Syndrom ist da! Das muß man auf jeden Fall verhindern, wenn man fit und gesund bleiben will.

Dauerstreß und Streßkrankheiten

Wenn die Streßreaktion also normal abläuft und wieder zur Ruhelage zurückführt, werden wir dadurch stärker, belastbarer und »lebendiger«. Wenn wir aber die Ruhelage nach einer Streßreaktion nicht erreichen und durch einen ständig wiederholten negativen Streß eine Daueranspannung aufbauen – dann leiden wir unter Dauerstreß. Und Dauerstreß ist schädlich. Eigenartigerweise kann sich der Mensch auf »große« Streßfaktoren wie Kriege, Todesfälle und große Verluste eher einstellen und hat auch meistens die Kraft, weiterzuleben und sich im Laufe der Zeit an diese »großen« Streßfaktoren anzupassen. Man sagt auch: »Die Zeit heilt Wunden.« Fast wehrlos ist der Mensch jedoch gegen die

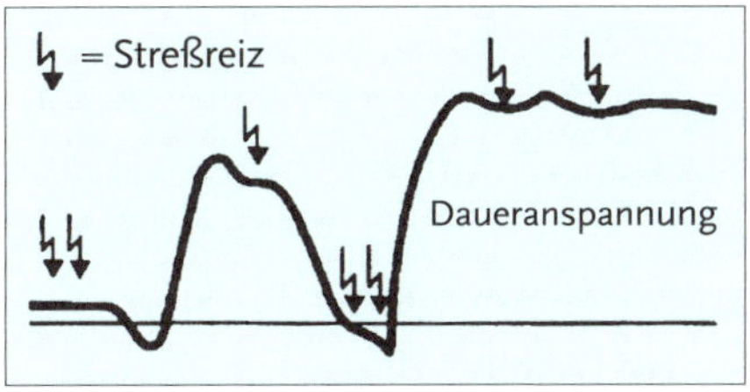

Dauerstreß ist schädlich. Wiederholte Streßreize ohne Entspannung führen zu Daueranspannung und Dauerstreß.

kleinen Sticheleien des Alltags. Und es sind überwiegend diese kleinen Sticheleien, denen man ohne geistige Schulung wehrlos ausgeliefert ist und die zum Dauerstreß führen.

Durch Dauerstreß steht der gesamte Organismus unter Spannung, die Lebensvorgänge laufen nicht mehr so harmonisch ab, und es kommt zu einer Störung des inneren Gleichgewichtes (Homöostase) sowie zu einem Ungleichgewicht der Hormone, vor allem mit einem Anstieg von Cortisol im Blut und der Streßhormone Adrenalin und Noradrenalin. Außerdem vermindert sich bei Dauerstreß das Serotonin im Gehirn, was zu Niedergeschlagenheit, mangelndem Selbstbewußtsein und Depressionen führen kann. Auch hat man festgestellt, daß durch Dauerstreß vermehrt Entzündungsfaktoren im Körper gebildet werden. Das kann Gelenkbeschwerden und Schmerzen, aber auch einen Herzinfarkt hervorrufen, wenn diese Entzündungsfaktoren auf die Herzkranzgefäße einwirken. Außer den bekannten Risikofaktoren wie Bluthochdruck, Zuckerkrankheit und Störungen des Fettstoffwechsels (hohes Gesamtcholesterin, hohes »schädliches« LDL-Cholesterin, niedriges »gutes« HDL-Cholesterin) sind es vor allem auch diese Entzündungsfaktoren, die die Entstehung von Arteriosklerose begünstigen. Außerdem wird durch negativen Dauerstreß die Entstehung von Magengeschwüren, die Neigung zu Allergien und zu allergischem Asthma (beides Überempfindlichkeitsreaktionen des Immunsystems) und anderer Streßkrankheiten gefördert. Aber nicht nur diese ausgesprochenen Streßkrankheiten, sondern auch sehr lästige, das Leben stark beeinträchtigende Funktionsstörungen können als Folge von Dauerstreß auftreten, wie zum Beispiel Nervosität und Aggressivität, Konzentrationsschwäche und Schlaflosigkeit, chronisches Müdigkeitssyndrom und Überforderungssyndrom (Burnout-Syndrom).

Oft leidet man mit zunehmendem Alter unter Merkstörungen und Vergeßlichkeit, so daß manche Menschen sogar Angst vor einem drohenden Morbus Alzheimer bekommen. Neuere Untersuchungen zeigen jedoch zunehmend, daß meist Dauerstreß die Ursache ist, wenn mit zunehmendem Alter – und das beginnt schon ab dem 40. Lebensjahr – das Gehirn in seiner Funktion nachläßt. Das kann sich besonders beim Kurzzeitgedächtnis (siehe auch Seite 44) bemerkbar machen. Man nimmt sich meist auch zu wenig Zeit, sich neue Eindrücke, Daten und Fakten bewußt einzuprägen. Die Spuren im Gehirn sind zu flach, um auf Dauer abgespeichert zu werden. Ein weiterer Grund ist die Datenflut in der heutigen Zeit und die Überflutung mit unterschiedlichsten Reizen wie Fernsehen, Video, Computer und die zahlreichen anderen Medien. In diesem Umfeld braucht das Gehirn mehr Ruhe und Erholung. Man muß heute unbedingt die Fähigkeit entwickeln, mit dieser Datenflut fertig zu werden und sich auf das Wesentliche konzentrieren zu können. Diese Fähigkeit wird durch die Lebenserfahrung mit zunehmendem Alter normalerweise immer besser entwickelt, wenn man sich von Fehlvorstellungen befreit (siehe Seite 89) und überflüssige Eindrücke bewußt durch Entspannung loslassen kann (siehe Seite 120 ff.).

Das Burnout-Syndrom – wenn der Akku leer ist

Als Ottmar Hitzfeld es ablehnte, die Nachfolge von Fußball-Bundestrainer Rudi Völler anzutreten, war seine Begründung: »Ich fühle mich nicht in der Verfassung. Mein Akku ist leer.« Auch Jan Ullrich, unsere große Radsport-Hoffnung bei den Olympischen Spielen 2004 in Athen, begründete seine Leistungen, die weder seinen eigenen noch den Erwartungen seiner Fans entsprachen, fast mit den gleichen Worten. Es handelt sich hier um ein Phänomen, das in der heutigen Zeit nicht nur im Sport, sondern auch im ganz normalen Leben viel

Wenn der »Akku« leer ist, fühlt man sich müde, erschöpft und ausgebrannt.

weiter verbreitet ist, als man annehmen möchte. Dieses Gefühl des »Ausgebranntseins« bezeichnet man auch als Burnout oder Burnout-Syndrom. Das Syndrom zeigt uns, daß der Mensch »nicht vom Brot allein«, das heißt von der Nahrung, lebt, sondern auch andere Faktoren für die Energieversorgung des Menschen eine Rolle spielen.

Der Begriff Burnout-Syndrom wurde vor etwa 20 Jahren von dem amerikanischen Psychoanalytiker Freudenberger geprägt. Er hatte es zuerst bei besonders engagierten, hochmotivierten und pflichtbewußten Mitarbeitern in pflegerischen Einrichtungen beobachtet. Burnout ist ein Zustand emotionaler Erschöpfung durch ständige Überanstrengung und Überforderung, so daß das Gefühl entsteht, ausgelaugt und leer zu sein. Schon die einfachsten Tätigkeiten werden schließlich als mühselig und anstrengend empfunden. Man fühlt sich den gestellten Anforderungen nicht mehr gewachsen. Das Burnout-Syndrom entwickelt sich langsam und schleichend, oft über Jahre hinweg, und wirkt sich sowohl auf die Arbeit wie auch auf das Privatleben aus.

Dazu kommt noch, daß im heutigen Leistungszeitalter niemand

GUT ZU WISSEN

Das Burnout-Syndrom
Burnout ist ein Zustand emotionaler Erschöpfung durch ständige Überanstrengung und Überforderung, so daß das Gefühl entsteht, ausgelaugt und leer zu sein.

gerne zugeben möchte, daß er nicht mehr leistungsfähig genug ist, weil es als Versagen empfunden und ausgelegt werden könnte. Leistungsschwäche wird heute schnell als Ineffizienz gedeutet. Daher wagt niemand so recht, sich ein Burnout-Syndrom selbst einzugestehen oder gar mit anderen darüber zu sprechen – was dazu beiträgt, es zu verschleppen, so daß sich die Symptome weiter verschlimmern, und man so wertvolle Zeit für die Behandlung verliert.

Das Burnout-Syndrom entwickelt sich meist in mehreren Phasen: Zunächst gibt es erste Erschöpfungsmerkmale und Unzufriedenheit, dann stellen sich wachsende Selbstzweifel und eine Abnahme des Arbeitseifers ein, und schließlich kommt es zu Gleichgültigkeit gegenüber der Arbeit und anderen Menschen bis hin zu Depressionen und Verzweiflung.

Das Burnout-Syndrom muß zwar immer auch vor dem Hintergrund des privaten und beruflichen Umfeldes sowie der Arbeitsbedingungen gesehen werden, aber es beeinflußt auch die Persönlichkeitsstruktur und die Fähigkeit, mit psychischen Belastungen und Streß am Arbeitsplatz richtig umzugehen. Daher muß man sich heute nicht nur um berufliche Kompetenz bemühen, sondern auch seine Persönlichkeit entwickeln, um im beruflichen Umfeld als gesunde und harmonische Persönlichkeit zu überleben.

Wie kann der »Akku« wieder aufgeladen werden?

Wo ist nun der »Akku«, wie wird er entladen, bis er »leer« ist – und wie kann man ihn wieder aufladen? Offenbar hat der Mensch zwei Formen der Energieversorgung: eine, die wie eine Autobatterie funktioniert, bei der man ständig destilliertes Wasser zuführen muß, was der täglichen Nahrung entspricht. Die andere Form der Energieversorgung könnte man eher mit einer Trockenbatterie vergleichen, die aus sich selbst heraus Energie liefert. Diese Energiezentrale sitzt im Gehirn und sorgt wie eine Art »Lichtmaschine« dafür, daß auch die Autobatterie weiter gut funktioniert und die Nahrungsenergie optimal umgesetzt werden kann. Daraus folgt: Wenn die Energiezentrale nicht mehr aufgeladen ist und nicht mehr richtig funktioniert,

nützt auch die Zufuhr von noch so viel Nahrungsenergie nichts, weil die Lebenskraft fehlt, sie umzusetzen. Denn die Lebenskraft ist es, die die Energie aus unserer Nahrung übernimmt und dem Körper zur Verfügung stellt.

Daher ist es wichtig, die Energiezentrale im Gehirn ständig in einem guten »Ladezustand« zu halten und sie immer wieder mit guten Energien aufzuladen. Auch muß man lernen, sich von negativen Energien zu befreien und diese loszulassen, am besten durch eine gute Entspannungstechnik. Man sollte also nicht nur regelmäßige Körperhygiene, sondern auch psychische Hygiene betreiben und täglich sein »psychisches Gewand« von negativen Gedanken und Gefühlen säubern. Außerdem sollte man jeden Tag aufs neue den Entschluß fassen, vorwiegend mit positiven Gedanken und Gefühlen umzugehen. Zusätzlich wird das Aufladen der Energiezentrale durch einen dynamischen, positiven Lebensstil gefördert sowie durch körperliche Aktivität, richtige Ernährung und ausreichend Schlaf.

Negativen Streß in positiven umwandeln

Wie wir bereits erkannt haben, gibt es auch beim Streß wie bei allem im Leben zwei Seiten, eine dunkle und eine helle, eine negative und eine positive, Disstreß und Eustreß. Der bisher beschriebene negative Streß wird als Disstreß bezeichnet, ähnlich wie man eine gestörte Harmonie Disharmonie nennt. Während wir vom »guten« Streß oder Eustreß gar nicht genug haben können, führen schon geringe Dosen von Disstreß zu einer Daueranspannung mit allen Folgen bis hin zu Störungen der geistigen Funktionen. Aber auch bei »Nullstreß« ist das der Fall. Durch »Nullstreß« verflacht die geistige Aktivität und Schärfe. Wir brauchen also Eustreß, »guten« Streß. Dieser »gute« Streß (Eustreß) liegt zwischen Disstreß und Nullstreß. Der Eustreß (griechisch: eu = gut) ist der Streß, der zum Leben notwendig ist und auch unsere geistige Leistungsfähigkeit fördert. Durch Eustreß werden Vitalität, Lebensfreude und geistige Fitneß gestei-

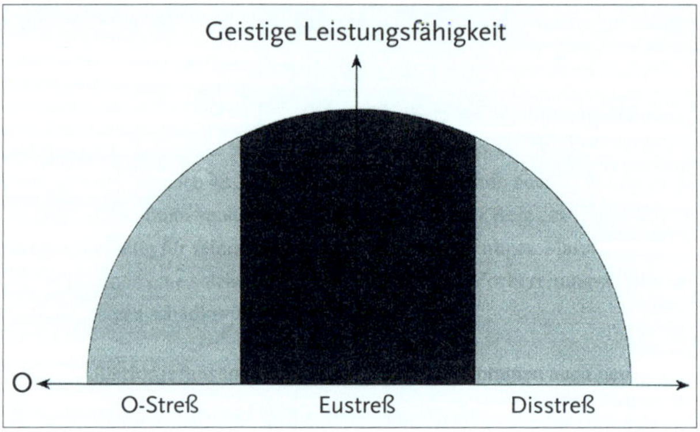

Zusammenhang von geistiger Leistungsfähigkeit und Streß (Nullstreß, Eustreß, Disstreß)

gert. Unsere intelligente Strategie sollte also darin bestehen, so zu leben, daß wir negativen Streß nicht selbst erzeugen und auch nicht unter dem negativen Streß leiden, den andere Menschen in unserem Umfeld erzeugen. Dazu brauchen wir eine gewisse geistige Schulung, Bereitschaft und Wachsamkeit und auf der anderen Seite auch eine Methode, mit der wir einen aus der Umgebung aufgenommenen negativen Streß wieder loswerden, nämlich eine gute Entspannungsmethode (siehe Seite 120 ff.).

Das größte Kunststück besteht jedoch darin, negativen Streß durch geistige Einsicht und Beachtung bestimmter geistiger und zeitloser Naturgesetze (siehe Seite 55 ff.) wie ein Transformator in positiven Eustreß umzuwandeln.

Mein Streß, dein Streß ...

Faktoren, die zur Streß führen, nennt man Stressoren. Es ist vielleicht manchmal hilfreich, sich eine Liste mit persönlichen Stressoren anzufertigen, eine Liste von Dingen, die uns besonders aufregen. Dabei wird man zumindest die Erfahrung machen, daß die gleichen Stressoren den einen Menschen ärgern – den anderen aber nicht. Zu diesen Stressoren zählen zum Beispiel auch Faktoren wie Klima, Wetter, aber auch unsere Lebensweise, eine falsche Ernährung und Bewegungsmangel. Außerdem gibt es psychosoziale Stressoren wie Leistungsdruck, Zeitdruck, Angst, negative Kritik, Geldsorgen und so weiter. Eine solche Liste ist vielleicht der erste Schritt – aber diese Liste allein reicht nicht aus, um

den durch diese Stressoren verursachten negativen Streß loszuwerden. Man muß auch seine geistige Einstellung ändern oder bereit sein, loszulassen und nicht nachtragend zu sein.

Zwei Beispiele sollen das deutlich machen.

Sie sitzen in Ihrem Büro. Ihr Vorgesetzter kommt herein, legt einen Aktenstapel auf Ihren Schreibtisch und sagt Ihnen, daß er die Ergebnisse möglichst heute noch braucht. Ein Gedanke in dieser Situation könnte sein: »Er setzt mich immer unter Druck. Das schaffe ich nie in der vorgegebenen Zeit. Ich werde versagen. Ich werde in den Augen meines Vorgesetzten unfähig und wertlos erscheinen.« Die dabei ausgelösten Gefühle werden Angst, Ärger, Frust und Niedergeschlagenheit sein. Durch die Interpretation Ihrer Wahrnehmung haben Sie aus äußeren Faktoren Streßauslöser gemacht. Wie ließe sich die Situation anders interpretieren? Ein Vorschlag:

»Das ist eine Menge Arbeit, mein Vorgesetzter traut mir einiges zu. Wenn ich mir die Arbeit gut einteile, kann ich vielleicht heute tatsächlich noch fertig werden. Und selbst wenn ich es nicht ganz schaffe, habe ich mein Bestes gegeben und kann mit meiner Leistung zufrieden sein. Wenn ich dafür kritisiert werde, daß die Arbeit nicht bis Feierabend fertig geworden ist, kann ich selbstbewußt meine Leistung verteidigen und den Rest morgen erledigen.« Durch diese Interpretation werden Sie Ihre Arbeit entspannter und effizienter in Angriff nehmen. Sie werden zufriedener mit sich selbst sein und nach der Arbeit nicht mit dem Gefühl nach Hause fahren, versagt zu haben.

Oder sie erben ein Gartengrundstück von dreihundert Quadratmetern. Eine schöne Sache – aber nur, wenn man ein Gartengrundstück von dreihundert Quadratmetern wirklich möchte. Wenn es einem aber zu groß erscheint und man meint, es sei mit zu viel Arbeit verbunden, dann wird diese an sich positive Tatsache zu einem Stressor. Ein anderer hat vielleicht größere Ansprüche und ist erst zufrieden, wenn er ein Gartengrundstück von mindestens 3000 Quadratmetern besitzt. Auch für ihn ist der Garten von dreihundert Quadratmetern ein Stressor, weil er zu klein ist. Nur für den, der sich einen Garten genau dieser Größe vorgestellt hat und der zufrieden mit der Größe dieses Gartens ist, der ihm zugleich Erfüllung bringt, stellt dieses Grundstück keinen schädlichen Streß dar, sondern bereitet ihm Freude – und Freude ist Eustreß. So ähnlich verhält es sich mit allen Stressoren:

Es entscheidet also die Persönlichkeit, ob ein Streßfaktor zum Disstreß wird oder nicht. Oder: Was für den einen Disstreß bedeutet, kann für den anderen Eustreß sein. Daher muß man an seiner Persönlichkeit arbeiten, wenn man frei von schädlichem Streß leben möchte bzw. man muß ihn in Eustreß umwandeln, indem man sich von den negativen Streßaspekten löst. Wenden wir uns also an dieser Stelle der Methode zu, die uns in die Lage versetzt, das zu schaffen: die Entspannung.

Denn Entspannung heißt Loslassen, vor allem von negativen Energien – von negativen Gedanken, Gefühlen und Streß.

Bewußtseinsklarheit durch Entspannung

Unser Bewußtsein ist nicht immer klar. Es ändert sich ständig – je nachdem, mit welchen Umständen, Gedanken und Gefühlen wir uns identifizieren. Auch die Begleitumstände, die zusammen mit unseren Gedanken, Erinnerungen und Erlebnissen aus unserem Unterbewußtsein in das Tagesbewußtsein heraufgeholt werden, »färben« unser Bewußtsein, meist ohne daß wir das wollen. Wenn unser Bewußtsein zum Beispiel durch ein negatives Gefühl – wie Ärger, Haß, Neid, Eifersucht – »gefärbt« wird, ist es nicht mehr so klar wie sonst. Es funktioniert auch nicht mehr objektiv. Das führt oft zu Streit und Meinungsverschiedenheiten, die ihrerseits wieder auf das Bewußtsein zurückwirken. So kommt ein Teufelskreis in Gang, den wir nicht mehr im Griff haben und den wir im Grunde auch gar nicht wollen; denn das Bewußtsein, das auf diese Weise entsteht, gehört eigentlich gar nicht zu unserer Persönlichkeit, so wie wir sie gewohnt sind.

Der Kopfkäfig aus Fehlvorstellungen und Vorurteilen

Vor allem Vorurteile und Fehlvorstellungen sind es, die sich im Laufe des Lebens anhäufen und verhindern, daß unser Gehirn klar und objektiv funktioniert. Studien haben ergeben, daß vor allem das alternde Gehirn hartnäckig an Vorurteilen festhält – und wenn man nichts dagegen unternimmt, wird das mit zunehmendem Alter immer schlimmer. Folgender Versuch verdeutlicht dies:

Man ließ Herrn M. spazierengehen. Dann kam ihm ein Mann entgegen, der einem Schulkameraden sehr ähnlich sah, nennen wir ihn Herrn S., den er schon zu Schulzeiten nicht leiden konnte. Als nun Herr M. diesen Mann, der seinem Schulfreund S. ähnlich sah, von weitem erblickte, dachte er: Das ist doch dieser S.! Eine Schande, daß der noch lebt! Dieses Gefühl der Ablehnung und Abwehr entstand in Herrn M. allein bei dem Gedanken an seinen verhaßten Schulfreund S. – und dieses Gefühl blieb auch, nachdem er erkannt hatte, daß es gar nicht Herr S. war. Als nun diese Versuchsperson, die Herrn S. ähnlich sah, Herrn M. nach dem Weg fragte, bekam sie eine mißmutige und verärgerte Antwort. Dann ließ man Herrn M. eine Versuchsperson entgegenkommen, die seinem Schulfreund G. sehr ähnlich sah, mit dem Herr M. einst befreundet war. Herr M.

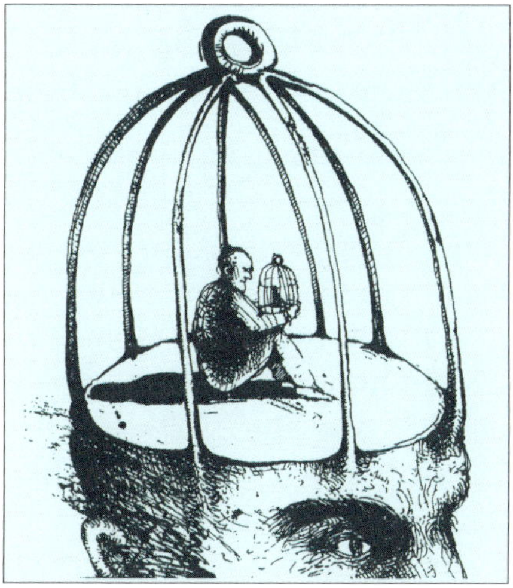

Der Kopfkäfig: Das alternde Gehirn hält hartnäckig an seinen Vorurteilen fest. Dadurch ist es eingeengt wie in einen Käfig. Erst wenn wir uns von diesem Kopfkäfig – zum Beispiel durch Loslassen in der Entspannung – befreien, ist unser Bewußtsein wieder klar, objektiv, flexibel und jugendlich.

freute sich, als er glaubte, sein Schulfreund G. käme ihm entgegen – und diese Freude blieb auch, nachdem er erkannt hatte, daß es gar nicht sein Schulfreund G. war. Als ihn nun dieser eigentlich unbekannte Mann ebenfalls nach dem Weg fragte, bekam er eine freundliche Antwort. Dieses Beispiel zeigt, daß unser Bewußtsein durch frühere Erlebnisse und Erinnerungen tatsächlich so beeinflußt wird, daß wir nicht mehr objektiv sind.

Sich vom Kopfkäfig befreien

Durch Vorurteile und Fehlvorstellungen, die sich im Laufe des Lebens in unserem Gehirn ansammeln, wird unser Urteilsvermögen immer stärker eingeschränkt. Darauf beruht auch der Satz: »Im Alter nehmen alle Sinne ab – nur der Starrsinn nimmt zu.« Wenn man nicht aufpaßt, beginnt das aber schon in jungen Jahren. Oft ist die Ursache langer, sinnloser Diskussionen, daß man schon eine vorgefertigte Meinung hat, bevor der oder die andere den Satz beendet hat. Man braucht Geduld und ein objektives Gehirn, um eine sachliche, objektive und fruchtbare Diskussion führen zu können. Je älter ein Mensch wird, desto weniger kann er das. Deswegen fühlen sich jüngere Menschen oft von älteren »genervt«, weil sie immer schon die Antwort kennen, die von älteren Menschen aufgrund ihrer Vorurteile und Fehlvorstellungen immer wieder aufs neue in gleicher Weise formuliert wird. Die Ursache ist ein Filter, der sich im Limbischen System unseres Gehirns aufbaut, das zwischen Großhirn und Stammhirn gelegen ist. Dieser Filter wird durch Vorurteile und Fehlvorstellungen erzeugt und bleibt dort und wird mit zunehmendem Alter immer dichter – wenn man nichts dagegen unternimmt. Wenn dieser Filter einmal aufgebaut ist, nimmt der Mensch nicht mehr wahr, was wahr ist – sondern was er für wahr nehmen möchte. Erst wenn man sich bewußt von diesem Filter im Limbischen System seines Gehirns nach und nach wieder befreit und den einengenden Kopfkäfig, den man sich auf diese Weise aufgebaut hat, wieder beseitigt, wird das Bewußtsein wieder klar, objektiv und flexibel. Man könnte auch sagen: Das Gehirn wird durch

diesen Reinigungsprozeß wieder jünger. Man muß diese Zusammenhänge nur erkennen und sich selbst eingestehen. Das ist der erste Schritt. Anschließend sollte man nach und nach seine vorgefaßten Meinungen überprüfen sowie Vorurteile und Fehlvorstellungen abbauen. Das geht nicht durch Verdrängen – sondern durch Loslassen, in der bewußten Entspannung.

Entspannung und Kreativität

Erfindung und Entdeckung

Was ist der Unterschied zwischen einer Erfindung und einer Entdeckung? Diese Frage erscheint zunächst sehr simpel, aber die Antwort zeigt uns den Unterschied zwischen Intellekt und Inspiration oder Intuition. Eine Erfindung kann man planen, mit dem Verstand, dem Intellekt. Wenn man zum Beispiel zum Mond möchte, kann man durch logisches Denken, also durch den Intellekt, die Lösung erdenken und eine Rakete konstruieren. Man kann in Bibliotheken gehen, Bücher nachlesen und Fachleute mit ihrem Fachwissen zur Lösung dieser Aufgabe heranziehen, bis man das Ziel erreicht hat. Schließlich hat man eine Rakete, etwas, was es bisher nicht gab, »erfunden«. Erfindungen werden also meistens durch den Intellekt gemacht.

Entdeckungen entstehen anders. Man erkennt etwas, das schon vorhanden ist, durch eine bestimmte Art der Wahrnehmung, die wir als Inspiration bezeichnen. Bis heute weiß man nicht, woher Inspirationen kommen und wie sie entstehen. Das Wort »Inspiration« bedeutet eigentlich »Einatmung« und drückt aus, daß wir etwas von außerhalb unseres Wesens »einatmen« oder empfangen. Für die Kreativität ist beides wichtig, sowohl der Intellekt wie auch die Inspiration. Der Intellekt des modernen Menschen ist meistens gut entwickelt, sehr oft aber auf Kosten der Inspiration. Der Intellekt entsteht, wenn sich der Geist mit dem Gehirn identifiziert. Dadurch wird seine Sicht durch das Gehirn be-

GUT ZU WISSEN

Intellekt und Intuition – oder die Geschichte vom Elefanten

Es war einmal ein weiser Vater, der seinen drei Söhnen den Unterschied zwischen Intellekt und Intuition vor Augen führen wollte. Er verband seinen drei Söhnen die Augen, führte sie in der Gegend herum und schließlich zu einem Elefanten. Den ersten Sohn ließ er ein Elefantenbein umfassen und fragte ihn, was das sei. Der Sohn antwortete ihm: »Eine Säule.« Dann nahm er den zweiten Sohn und führte ihn an den Rüssel und fragt ihn ebenfalls, was das sei. Dieser Sohn antwortete: »Ein Feuerwehrschlauch.« Und dann nahm er den dritten Sohn und führte ihn an den Schwanz des Elefanten und fragt ihn ebenfalls, was das sei. Dieser Sohn antwortete: »Ein Pinsel.« Dann sprach er zu allen drei Söhnen: »Ihr müßt euch einigen. Was ist es, was ihr vor euch habt?« Sie blieben bei ihrer Meinung, es handele sich um eine Säule oder um einen Feuerwehrschlauch oder um einen Pinsel. Jeder von ihnen war der Meinung, er hätte recht – und sie stritten miteinander. Erst als der Vater ihnen die Augenbinde entfernte, erkannten sie, daß es ein Elefant war. Die Moral von der Geschichte: Wenn man mit dem Intellekt analysiert, erfaßt man immer nur Teilaspekte, niemals die ganze Wahrheit. Trotzdem ist der durch den Intellekt wahrgenommene Teilaspekt für sich wahr. Deswegen streiten sich Menschen häufig, wenn sie nur mit dem Intellekt arbeiten. Wenn man aber die »Augenbinde« eines eingeschränkten Bewußtseins entfernt und die Schau intuitiv wird, erkennt man die ganze Wahrheit. Und Menschen, die die ganze Wahrheit erkannt haben, so wie sie ist, streiten sich nicht mehr.

grenzt. Inspiration entsteht, wenn sich der Geist vom Gehirn und seinen Begrenzungen löst und eine Antenne für den Empfang (Inspiration = Einatmung) von Lösungen entwickelt. Um die Zusammenhänge zwischen Intellekt, Inspiration und Kreativität klarzumachen, sollen im folgenden drei Beispiele angeführt werden.

Die Kraft der Intuition

Archimedes

Der bekannte griechische Physiker und Mathematiker Archimedes lebte von 285 bis 212 v. Chr. in Syrakus auf Sizilien. Unter anderem fand er die Bestimmung der Quadratwurzel und der Zahl Pi, die Lösung kubischer Gleichungen sowie die Berechnung von krummlinig begrenzten Flächen und Rotationskörpern; entdeckte das Hebelgesetz, die geneigte Ebene, den statischen Auftrieb. Archimedes baute ferner hydraulische Maschinen und Kriegsmaschinen (Schleudern, Hebewerke), durch die Syrakus zwei Jahre lang der römischen Belagerung widerstehen konnte. Diese Tatsachen seien nur erwähnt, um zu zeigen, daß Archimedes ein genialer und kreativer Mensch war. An einer Aufgabe wäre er aber fast verzweifelt. Der König in Rom ließ sich damals eine Krone anfertigen, die sehr schön war. Er stellte Archimedes die Aufgabe, zu überprüfen, ob diese neue Krone tatsächlich ganz aus Gold war, oder ob der Juwelier Blei dazugegeben hatte. Die Bedingung war aber, daß Archimedes die Krone nicht beschädigen durfte. Archimedes grübelte und grübelte, wie er diese Aufgabe lösen könnte. Er dachte ständig über dieses Problem nach, viele Tage und Wochen. Trotzdem konnte er das Problem intellektuell nicht lösen – bis er eines Tages in die Badewanne stieg. Wir wollen ihm zugute halten, daß es nicht das erste Mal war, sondern daß er bis dahin schon sehr oft in die Badewanne gestiegen war, wie andere Menschen auch. Als er sich aber an diesem einen Abend in die Badewanne sinken ließ, hatte er eine Inspiration (oder Intuition), durch die er plötzlich und vollständig die ganze Lösung dieses Problems vor seinem inneren Auge hatte. Da er ein temperamentvoller Südländer war, sprang er aus der Wanne und lief, nackt wie er war, durch die Gassen von Syrakus und rief begeistert: »Heureka!«, was griechisch ist und »Ich hab's gefunden!« heißt. Das Wort »Heureka« ist auch heute noch ein geflügeltes Wort für eine plötzliche Eingebung – und auch das Naturgesetz, das Archimedes entdeckt hatte, gilt heute noch und wird auch noch für ewige Zeiten gelten. Ihm kam nämlich plötzlich zum Bewußtsein, daß ein Körper – wie sein eigener oder auch eine Krone – sein eigenes Volumen an Wasser verdrängt. Dadurch kann man das Volumen eines Körpers messen und mit dem gleichen Volumen von Gold oder Blei gewichtsmäßig vergleichen und erkennen, ob die Krone aus reinem Gold war. Sie war es tatsächlich. Auf dieser Beobachtung von Archimedes beruht die Entdeckung des spezifischen Gewichtes der Stoffe und der Auftriebskraft. Die Auftriebskraft ist gleich der Gewichtskraft der von dem Körper verdrängten Gas- oder Flüssigkeitsmenge (archimedisches Prinzip). Dieses archimedische Prinzip erklärt uns, warum Flugzeuge fliegen und Schiffe schwimmen – auch wenn sie noch so groß sind..

Isaac Newton

Sir Isaac Newton war ein englischer Mathematiker, Physiker und Astronom, der bahnbrechende Erkenntnisse über die Natur des Lichtes, über die Gravitation und die Planetenbewegung sowie über zahlreiche mathematische Probleme entwickelte. Newtons Ruhm beruhte vor allem darauf, daß er neben Galileo Galilei Begründer der klassischen theoretischen Physik und der exakten Naturwissenschaften war. Eine seiner wichtigsten Entdeckungen machte er auf folgende Weise: Er lag im Liegestuhl in seinem Garten, entspannte sich und nahm wahr, wie von seinen Apfelbäumen immer wieder einmal ein Apfel auf den Boden herabfiel. Zunächst fiel ihm überhaupt nichts auf, wie den meisten Menschen. Plötzlich aber entdeckte er, daß alle Äpfel mit der gleichen Geschwindigkeit zu Boden fielen, gleichgültig wie schwer sie waren. Und schon hatte er das Gesetz der Schwerkraft entdeckt,

das natürlich auch heute noch gilt und auf ewige Zeiten gelten wird. Denn durch Intuition und Inspiration nimmt man die Wahrheit selber wahr, so wie sie ist und immer sein wird.

Galileo Galilei

Galileo Galilei, der berühmte italienische Mathematiker, Physiker und Astronom, entwickelte zum Beispiel durch ein Gedankenexperiment die Fallgesetze. Zur Bestätigung seiner Theorie entwickelte er die Fallrinne. Galilei baute das ein Jahr früher in Holland erfundene Fernrohr nach und entdeckte die bergige Natur des Mondes, den Sternenreichtum der Milchstraße, die Phasen der Venus, die vier größten Jupitermonde und die Saturnringe. Uns bekannt ist er aber vor allem durch die Tatsache, daß er frühzeitig für das sogenannte heliozentrische Weltsystem des Kopernikus eintrat, also für die Erkenntnis, daß sich nicht die Sonne um die Erde dreht. Das war eine Umkehr des damals gültigen Weltbildes. Dies führte zu einer ersten Auseinandersetzung mit der römischen Kirche, die 1616 mit dem Verbot dieser Lehre durch den Papst antwortete. Es kam zu einem Prozeß gegen Galilei, der 1633 damit endete, daß er dieser Lehre abschwören mußte. Es wird überliefert, daß er damals widerwillig unterschrieb, dabei trotzig mit dem Fuß auf den Boden stampfte und den Ausspruch tat: »Eppure si muove« – zu deutsch: »Und sie bewegt sich doch!« Dieser Ausspruch ist heute noch ein geflügeltes Wort. Trotz dieses Ereignisses war er fromm geblieben und ging weiterhin in die Kirche. Dort war er meist entspannt und schaute häufig andächtig nach oben. Einmal hatte er bei diesem Blick nach oben blitzartig eine Inspiration. Er sah, wie die an einer Schnur hängenden Leuchter hin- und herpendelten, und es wurde ihm schlagartig bewußt, daß die Pendel-Geschwindigkeit von der Länge der Schnur abhing. Er hatte die Pendelgesetze entdeckt, die heute noch gelten und auf ewige Zeiten gelten werden.

Das Prinzip der Inspiration oder Intuition

Aus diesen drei Beispielen können wir uns das Prinzip der Inspiration (oder Intuition) ganz gut ableiten. In allen drei Fällen handelte es sich um kluge Menschen mit einem hochgradig entwickelten Intellekt. Trotzdem gelang es ihnen nicht, ihre Entdeckungen und Problemlösungen allein durch ihren Intellekt herbeizuführen. Der Intellekt war jedoch die Voraussetzung für die Entwicklung der Antenne, die sie durch Nachdenken über das Problem entwickelten. Erst nach der Entwicklung dieser Antenne für das Problem fiel ihnen die komplette Problemlösung als Inspiration zu – und immer in der Entspannung: Archimedes in der Badewanne, Newton im Liegestuhl im Garten und Galilei andächtig in der Kirche. Das Prinzip ist also klar: Der Intellekt entwickelt die Antenne, die in der Entspannung die Lösung als Inspiration empfängt. Die Frage ist nur, woher diese Lösung des Problems kommt, die wir als Inspiration bezeichnen. Wenn man die moderne Hirnforschung heranzieht, findet man darauf keine Antwort. Die Hirnforschung kann mit ihren Modellen nur eine Antwort auf den Vorgang intellektueller Prozesse geben, die ein Problem nach und nach, Schritt für Schritt analytisch lösen, aber immer nur Teilergebnisse liefern. Woher kommt aber die vollständig fertige Lösung? Dazu müssen wir bereit sein, den gewohnten Boden der Hirnforschung zu verlassen und mehr in den geistigen Bereich zu gehen. Weiter vorne (siehe Seite 37 ff.) habe ich die Bewußtseinsbereiche dargelegt. Das Unterbewußtsein (Instinkt) und das Tagesbewußtsein (Intellekt) sind uns gewohnt, vertraut und geläufig – aber sie können das Phänomen der Inspiration nicht erklären. Mit dem Tagesbewußtsein (Intellekt) können wir nicht alle Probleme lösen (»Ich kann es nicht durchdenken«), und aus dem Unterbewußtsein (Instinkt) können nur dort gespeicherte, bereits bekannte Problemlösungen geliefert werden. Es ist wahrscheinlich doch so, daß die intellektuelle Beschäftigung mit einem Problem die Antenne im Überbewußtsein aufbaut, mit der man dann die Lösung aus den uns umgebenden Informationsfeldern empfängt oder »einatmet« (Inspiration). Einstein würde sagen: aus dem Bewußtsein hinter dem Licht im Kosmos. Sheldrake würde sagen: aus den morphogenetischen Feldern, die uns umgeben und alle Informationen aller vergangenen und zukünftigen Evolution enthalten. Und die Yogis würden sagen: aus dem Kosmischen Bewußtsein. Namen sind Schall und Rauch – es geht nur um die Tatsache, wie es wohl sein könnte. Uns geht es darum, wie man diese Zusammenhänge für den Alltag nutzen kann, um unsere Probleme durch die Kombination von Intellekt und Inspiration besser lösen zu können.

Emotionale Intelligenz

In den letzten Jahren hat man erkannt, daß man allein mit dem Kopf das Leben nicht meistern kann, weil der Mensch nicht nur mit dem Kopf funktioniert. Man kann Menschen allein mit dem Intellekt nicht führen. Das kalte Kadermanagement ist überholt. Man unterscheidet zunehmend wieder zwischen Intellekt, Intelligenz und emotionaler Intelligenz. Dabei versteht man unter Intellekt das reine Kopfwissen mit den Daten und Fakten, die man für seine Kompetenz braucht. Umfragen in Betrieben haben meistens übereinstimmend das Ergebnis: Kompetenz gut, Kommunikation schlecht. Meistens stellt man sich verblüfft die Frage: Woher kommt das? Daraus entwickelte sich wieder zunehmend die Erkenntnis, daß der Intellekt alleine nicht ausreicht, um Menschen zu führen und zu motivieren. Da ist der Begriff der Intelligenz schon etwas besser. Intelligenz bedeutet dabei eine Kombination aus Intellekt und der Anwendung des Intellekts zur Lösung bestimmter Lebensaufgaben. Intelligenz bedeutet die Fähigkeit, sein Leben auf verschiedenen Ebenen möglichst klug zu gestalten und das auch anderen Menschen zu vermitteln. Emotionale Intelligenz bringt zum Ausdruck, daß dabei auch die Gefühle mit dem übereinstimmen, was man denkt und als Gedanken weitergibt. Emotionale Intelligenz bringt also wieder mehr das Gefühl ins Spiel, die Empfindungen und das Seelische. Emotionale Intelligenz bedeutet aber auch ein Gefühl für die intuitive Wahrnehmung von Situationen als Ganzes, und sie im einzelnen intellektuell analysieren zu können. Dazu muß man die Fähigkeit entwickeln, das Wesen von Menschen und das Wesentliche von Situationen wahrzunehmen. Das ist die gleiche Antenne des Überbewußtseins, die uns unsere Inspirationen beschert. Auch für die Entwicklung dieser Antenne ist Entspannung notwendig; denn Entspannung fördert die intuitive Wahrnehmung.

Problemlösungen durch Intellekt und Intuition

Wenn wir das alles, was wir in diesem Abschnitt überlegt und erkannt haben, auf einen Nenner bringen und für den Alltag praktisch nutzbar machen wollen, wäre bei der Lösung unserer Probleme folgendes Vorgehen am besten:

Sich so lange mit dem Problem intellektuell und gedanklich beschäftigen, immer wieder und geduldig, bis man merkt, daß man es nicht weiter durchdenken kann.

Abschalten und sich entspannen (Schlaf, Entspannung, Badewanne, Spaziergang, Waldlauf, Radfahren und so weiter).

Diesen Vorgang (Nachdenken und Entspannung) so oft wiederholen, bis einem die Problemlösung durch Inspiration zufällt. Man fühlt das ganz genau: So ist es richtig.

Die intuitive Erkenntnis noch einmal durch den Intellekt überprüfen.

Dieser letzte Schritt ist unbedingt notwendig, um nicht einer Einbildung aus dem Unterbewußtsein zu unterliegen; denn intuitive Erkenntnisse müssen durch die Vernunft (den Intellekt) nachprüf-

bar sein und dürfen ihr nicht widersprechen. Denn es gibt nur eine Wahrheit – und die muß allen Überprüfungen standhalten. Dieses Vorgehen ist auch die Grundlage für die Kreativität, bei der es darum geht, Probleme zu lösen und Neues zu finden.

Entspannung und Schlaf

Nutzen und Notwendigkeit der Entspannung

Im Sport ist die bewußte Entspannung ein wichtiger Bestandteil der Regeneration nach Belastungen. Nur wenn man sich von vorausgegangenen Belastungen vollständig erholt, kann man mit einem neuen Belastungsreiz eine Leistungssteigerung im Trainingsprozeß erreichen. Das heißt: Der regelmäßige Rhythmus zwischen Belastung, Ermüdung und Erholung führt zu einer höheren Leistungsfähigkeit. Wenn Belastungsreize zeitlich sehr dicht aufeinander folgen, wird die Fähigkeit, sich rasch zu erholen, zum leistungsbegrenzenden Faktor. Wenn intensive Reize auf einen Organismus treffen, der sich nicht vollständig erholt hat, kommt es mit der Zeit trotz Training zu einem Leistungsabfall, den man im Sport »Übertraining« nennt.

Genau das gleiche trifft für den Alltag zu. Auch hier folgen in unterschiedlicher zeitlicher Dichte immer wieder Reize, die auf den Organismus belastend wirken. Er wird durch diese Reize immer wieder aus seinem Gleichgewicht (Homöostase) geworfen – und er muß sich immer wieder bemühen, dieses Gleichgewicht wiederherzu-

Stop! Halten Sie inne, wenn Sie sich wie ein Hamster im Laufrad fühlen.

stellen. Wichtig ist auch zu wissen, daß die Vorgänge der Erholung mit zunehmendem Alter länger brauchen. Das heißt: wenn man älter wird, braucht man für die gleichen Belastungen längere Zeit für die Erholung als früher. Und im Alltag ist das auch so wie im Sport: Wenn immer wieder neue Reize auf einen unvollständig erholten Organismus treffen, kommt es im Laufe der Zeit zu einem Leistungseinbruch, den man heutzutage »Burnout-Syndrom« (siehe Seite 82 ff.) nennt.

Genau wie der Sportler sollte auch der Mensch im ganz normalen Alltag lernen, wie man sich erholt, und dabei das gesamte Netz regenerativer Maßnahmen anwenden. Analog dem Trainingsplan eines Sportlers sollte man also auch die Alltags-Belastungen sinnvoll planen, soweit das unter den gegebenen Umständen möglich ist. Zumindest sollte man nach intensiven Belastungsphasen ausreichend Zeit für die Erholung einplanen. Das Leben ist ein Kampf. Nehmen Sie sich deswegen ein Beispiel an einem Boxer: Nach jeder Runde eines Boxkampfes kommt eine Ringpause. Und eine solche Pause braucht jeder Mensch, wenn er im »Boxkampf« des Lebens eine Runde hinter sich gebracht hat. Jeder vernünftige Sportler trainiert nach einem bestimmten Plan, wobei er die Trainingsbelastungen nach Umfang und Intensität richtig dosiert und auch bewußt regenerative Trainingseinheiten und Ruhetage einplant. Das sollte auch der »normale Mensch« im Alltag tun. Zur »Trainingsplanung« des Alltags gehört es auch, die für Ihr Leben notwendigen Vorhaben strategisch zu planen. Wenn man aber das Gefühl hat, sich zu verzetteln, muß man innehalten. Das ist immer dann der Fall, wenn man das Gefühl hat, daß man sein Leben wie ein Hamster im Laufrad vollbringt, sozusagen »im höheren Auftrag«. Man kann dann nur noch reagieren – und nicht mehr agieren. Man hat das Gefühl, wie ferngelenkt zu leben. In solche Situationen kommt man im Leben immer wieder. Schuld daran sind teils die äußeren Umstände, meist aber vor allem eine fehlende Lebensplanung und die Unfähigkeit, ab und zu höflich »nein« zu sagen. Die sich dann häufenden Lebensaufgaben und der zeitliche Druck treiben uns dann in den negativen

Disstreß hinein. Spätestens jetzt muß man sich Zeit für eine »innere Einkehr« nehmen und über die Ursachen der Verzettelung nachdenken und den Entschluß fassen, sich auf das Wesentliche im Leben zu konzentrieren. Dabei müssen Sie sich klar darüber werden, was in Ihrem eigenen Leben wesentlich und was unwesentlich ist. Dann muß man das Unwesentliche weglassen – und sich auf das Wesentliche beschränken. Das ist vor allem mit zunehmendem Alter wichtig, weil man einfach mehr Zeit braucht als früher. Wenn man das erkennt, kann man genausoviel leisten wie früher – aber ohne sich zu stark zu verausgaben.

Man muß aber wirklich in der Lage sein, sich von unwesentlichen Dingen zu befreien, sie wirklich loszulassen und nicht zu verdrängen. Denn wenn man etwas verdrängt, denkt man ständig daran. Loslassen ist aber das Grundprinzip der Entspannung. Und so sieht man bereits jetzt, wie wichtig eine bewußte Entspannung für den Alltag ist, weil man in der Entspannung das Loslassen lernt.

Wie wichtig dieses Loslassen ist, sieht man auch am Schlaf. Jeder Mensch braucht eine gewisse Menge an Schlaf. Wenn er sie nicht hat, sinkt seine Leistung. Und wenn er gar keinen Schlaf hat, kann er sogar sterben. Warum das so ist, weiß man bis heute noch nicht genau. Zumindest scheint das regelmäßige und sich rhythmisch wiederholende Loslassen von der Außenwelt ein wichtiges Grundprinzip des Lebens zu sein, das für alle Lebewesen Gültigkeit hat. Wir wollen uns daher an dieser Stelle etwas mit dem Schlaf beschäftigen.

Schlaf – Entspannung und Jungbrunnen zugleich

Im Schlaf wird der gesamte Organismus mit neuer Kraft und Energie versorgt. Im Schlaf werden unsere im Alltag stark beanspruchten Gewebe und Zellen repariert, Heilungsprozesse laufen ab, Organe und Zellen werden mit neuen Brennstoffen versorgt und alte, verbrauchte Zellen werden durch neue ersetzt. Wer ausreichend schläft,

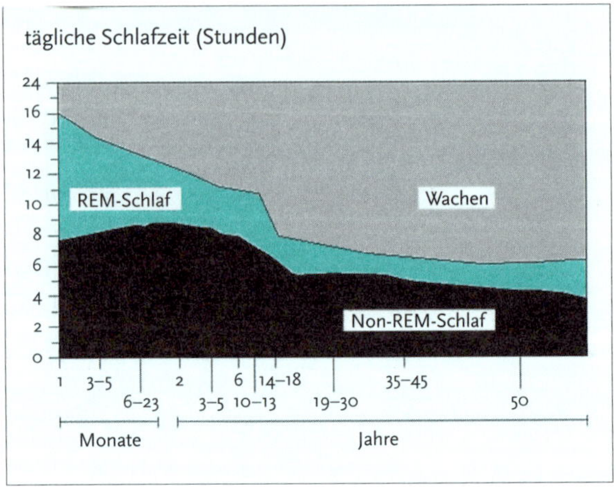

Die tägliche Schlafzeit nimmt mit zunehmendem Alter allmählich ab.

bekommt auch eine glattere Haut, weil nur im Schlaf die Feuchtigkeitsdepots unter der Haut wieder aufgefüllt werden. Dadurch bekommt man nicht so schnell Falten im Gesicht und sieht jünger aus.

Beim Schlafen unterscheidet man verschiedene Phasen. Es wechseln Phasen des Tiefschlafs mit Phasen des sogenannten REM-Schlafs ab. Die Bezeichnung »REM-Schlaf« kommt aus dem Englischen, wobei REM die Abkürzung für Rapid Eye Movements ist, was soviel wie schnelle Augenbewegungen heißt. Denn die Phase des REM-Schlafs ist durch schnelle Augenbewegungen gekennzeichnet. Wie wissenschaftliche Untersuchungen ergeben haben, ist eine ausreichend lange Phase des REM-Schlafs wichtig für die gesund erhaltende Funktion der Nachtruhe. Am tiefsten schläft man etwa ein bis zwei Stunden nach dem Einschlafen. Gegen Morgen wird der Schlaf immer flacher. Das hängt unter anderem auch mit dem Biorhythmus der Hormone zusammen.

Biologisch gesehen, laufen während des Schlafes zahlreiche komplexe Vorgänge ab. So kreisen zum Beispiel zahlreiche Hormone im Blut und steuern die Nachtruhe. Die Zirbeldrüse schüttet das Hormon Melatonin ins Blut aus. Melatonin fördert die Schlafbereitschaft und die Fähigkeit zu einem gesunden, erholsamen Schlaf. In der ersten Nachthälfte produziert die Hirnanhangsdrüse (Hypophyse) vermehrt Wachstumshormon, das einerseits den Tiefschlaf fördert und zum anderen ein sehr wirksames »Anti-Aging-Hormon« ist. In der zweiten Nachthälfte beginnen die Nebennierenrinden das Hormon Cortisol vermehrt zu produzieren. Das Hormon Cortisol läßt den Schlaf flacher werden, so daß man in dieser Zeit auch die meisten Träume hat und vielleicht sogar manchmal ganz aufwacht. Auch andere Hormone sind daran beteiligt, den Schlaf zu regulieren, doch weiß man das heute noch nicht in allen Einzelheiten ganz genau.

Ein gesunder Schlaf ist ein Geschenk. Mit zunehmendem Lebensalter können sich allerdings einige Störungen entwickeln. So kann es sein, daß Sie nicht richtig einschlafen können oder nicht durchschlafen oder morgens zu früh aufwachen. Es kann aber auch sein, daß sie zu lange schlafen und trotzdem müde und zerschlagen aufwachen. An Schlafstörungen leiden mit zunehmendem Lebensalter Frauen doppelt so häufig wie Männer. In gewisser Weise sind also bestimmte Schlafstörungen in unterschiedlicher Weise mit zunehmendem Lebensalter fast »normal«. Aber durch eine gesunde körperliche Aktivität und eine wirksame Entspannungsmethode kann die Fähigkeit zu einem gesunden Schlaf in jedem Lebensalter verbessert werden.

Ein guter Schlaf ist sehr wichtig. Wissenschaftliche Untersuchungen stimmen in folgender Aussage überein: Ein ausreichender Schlaf fördert nicht nur die körperliche

Wer so fröhlich aufwacht, hat bestimmt gut geschlafen.

und geistige Fitneß, sondern beugt auch vorzeitigen Alterserscheinungen vor. So ist also ein natürlicher, guter Schlaf eine natürliche und wirksame »Anti-Aging Methode«. Menschen, die gut und tief schlafen können, sehen immer jugendlicher und frischer aus als andere Menschen, die unter Schlafstörungen leiden. Daher sollte man sich bemühen, alles zu tun, um einen gesunden Schlaf zu fördern.

Schlaf ist aber nicht gleich Schlaf. So ist zum Beispiel der Schlaf, den man durch Schlaftabletten erzielt, zwar äußerlich ähnlich – aber innerlich völlig anders. Umfragen haben ergeben, daß in Deutschland mehr als 800 000 Menschen regelmäßig Schlafmittel einnehmen. Bevor man zu einem Schlafmittel greift, muß man wissen, daß der dadurch erzielte Schlaf nicht die gewünschten Wirkungen erzielt, wie sie das Ergebnis eines gesunden, natürlichen Schlafes sind. Durch den regelmäßigen Gebrauch von Schlafmitteln kann man zudem in einen Zustand der Abhängigkeit geraten und die Fähigkeit verlieren, aus eigener Kraft spontan einzuschlafen. Durch den regelmäßigen Gebrauch von Schlafmitteln kann es sogar zu Persönlichkeitsveränderungen kommen, aber auch zu Störungen im Nervensystem. Auch Muskelschwäche kann die Folge von chronischem Schlafmittelmißbrauch sein. Weiterhin können Störungen der Abwehrfunktionen auftreten, weil das Immunsystem durch Schlafmittel beeinträchtigt wird. Das kommt daher, daß die Zellen des Immunsystems eng mit den Nervenzellen verwandt sind und zum Beispiel auch die gleichen Rezeptoren an ihrer Oberfläche aufweisen wie die Nervenzellen. An diese Rezeptoren »docken« Schlafmittel regelrecht an und hemmen die Funktion dieser Zellen. Es gibt also genügend Gründe, sich um einen gesunden, natürlichen Schlaf zu bemühen (siehe Kasten »Tips für einen guten Schlaf«).

Die optimale Schlafdauer ist von Mensch zu Mensch verschieden. Manche Menschen kommen mit fünf Stunden Schlaf aus, andere brauchen sieben oder acht Stunden. Menschen, die mit einer relativ kurzen Schlafdauer von fünf bis sechs Stunden auskommen, legen während des Tages oftmals noch eine kurze Schlafpause ein.

EMPFEHLUNG

Tips für einen gesunden Schlaf

Seien Sie täglich körperlich aktiv. Dosieren Sie Umfang und Intensität der körperlichen Belastung so, daß eine leichte Ermüdung die Folge ist. Entspannen Sie sich regelmäßig. Lernen Sie eine einfache, wirksame und leicht praktikable Entspannungstechnik, die Sie in die Lage versetzt, sich von allen negativen Gedanken und Gefühlen zu befreien und innerlich zur Ruhe zu kommen.

Wenn Sie die Angewohnheit haben, abends schwer und spät zu essen – ändern Sie etwas daran! Denn wenn man abends zu viel ißt, schwer verdauliche Nahrung oder auch zu viel Alkohol zu sich nimmt, ist auf jeden Fall der Nachtschlaf durch die starke Verdauungstätigkeit und anregende Wirkung des hochgekurbelten Stoffwechsels gestört. Achten Sie darauf, daß Ihr Schlafzimmer immer gut gelüftet ist. Es sollte weder zu kalt noch zu warm sein. Und es sollte ruhig im Schlafzimmer sein.

Gehen Sie nie nach einem Streit zu Bett, bevor Sie diesen Streit nicht wieder harmonisch gelöst haben. Führen Sie keine belastenden Diskussionen im Schlafzimmer. Lassen Sie alle negativen Gedanken und Gefühle draußen vor der Schlafzimmertür!

Sie sollten erreichen, daß Sie sich sofort wohl fühlen und sich auf den Schlaf freuen, wenn Sie Ihr Schlafzimmer betreten.

Das ist sogar eine gute Gewohnheit. Wenn es der Tagesablauf zuläßt, kann ein kurzer Mittagsschlaf sehr nützlich sein. Auch wissenschaftliche Untersuchungen zeigten, daß ein solcher Kurzschlaf eine sehr gute Möglichkeit ist, während des Tages wieder Energie aufzutanken. Es hat sich aber auch gezeigt, daß dieser Schlaf nicht länger als 15 bis 20 Minuten dauern sollte (daher auch die Bezeichnungen »Kurzschlaf«). Wissenschaftliche Untersuchungen haben außerdem

INFO GESUNDHEIT

Ratschläge für den Mittagschlaf (Kurzschlaf):

- Machen Sie den Mittagsschlaf immer an der gleichen Stelle (zum Beispiel gleiches Zimmer, gleiches Sofa); denn die Schwingungen der Ruhe werden in der Umgebung gespeichert. Daher werden Sie sofort ruhig, wenn Sie sich immer an der gleichen Stelle entspannen.
- Entspannen Sie Ihren Körper von unten nach oben, jeden Körperteil einzeln, und lassen Sie alles los, was Sie unruhig, unzufrieden und unglücklich macht (siehe auch Seite 126).
- Schließen Sie die Augen und richten Sie den Blick leicht nach unten. Dann schlafen Sie schneller ein.
- Die richtige Dosis für den Mittagschlaf liegt etwa bei 15 bis 20 Minuten – nicht länger! Das genügt vollkommen und kann bei entsprechender Übung zu einer spürbaren Erholung führen, die Ihnen die nötige Energie und Begeisterung für den Rest des Tages gibt.

ergeben, daß etwa 20 Minuten Kurzschlaf am Tag (zum Beispiel mittags) etwa eine Stunde Nachtruhe ersetzen können. Wenn es der Tagesablauf erlaubt, sollte man an diese Möglichkeit denken.

Schlaf und Entspannung – was ist der Unterschied?

Das Wesen des Schlafes besteht darin, daß wir völlig abschalten von allen Sinneseindrücken, Körperwahrnehmungen, Gedanken, Gefühlen und sogar von der eigenen Persönlichkeit. Das Wahrnehmungsvermögen ist jedoch ebenfalls ausgeschaltet, so daß wir den Schlaf nicht bewußt erleben und nachträglich vielleicht nur sagen können, ob wir gut oder schlecht geschlafen haben. In der Entspannung ist das ähnlich. Wir schalten ab von den Sinnesorganen, von Gedanken und Gefühlen und vergessen auch unseren Körper. Das Bewußtsein und unsere Wahrnehmung sind jedoch vollkommen wach, so daß wir die Schwingungen der Ruhe in der Entspannung bewußt wahrnehmen und erleben. Auf diese Weise gehen die Schwingungen der Ruhe in unser Bewußt-

sein über, und wir können uns mit Ihnen vollkommen identifizieren, so daß wir dann tatsächlich ruhig sind. Und wenn diese Schwingungen der Ruhe immer wieder und regelmäßig bewußt durch unseren Körper strömen – gehen sie schließlich in »Fleisch und Blut« über. Auf diese Weise wird unsere ganze Persönlichkeit ruhig und strahlt das auch auf die Umgebung aus. Das ist der Unterschied zwischen Schlaf (unbewußtes Abschalten, unbewußte Ruhe) und Entspannung (bewußtes Abschalten, bewußte Ruhe). Die durch Entspannung erworbene Ruhe ist eine aktive Ruhe, die man von der passiven Ruhe – dem Phlegma – unterscheiden muß. Obwohl sich ruhige Menschen äußerlich gleichen, ist doch der Mensch mit aktiver Ruhe dem Menschen mit passiver Ruhe überlegen, weil seine Ruhe aktiv erworben und damit in den verschiedenen Lebenssituationen stabiler ist. Auch werden durch diese aktive, geistig erworbene und erlebte Ruhe auch die Konzentrationsfähigkeit und die geistige Fitneß deutlich verbessert.

Entspannung ist also ein aktiver Vorgang und erfordert ein waches Bewußtsein. Daher sind auch alle Entspannungsmethoden eigentlich Methoden der »konzentrativen Selbstentspannung«. Es gibt eine ganze Reihe von Methoden und Übungen zur Selbstentspannung – aber entscheidend ist nicht, daß man viele Methoden kennt, sondern daß man eine richtig anwendet und mit ihr zum Ziel kommt. Wenn man das Ziel – innere Ruhe und Gelassenheit – erreicht hat, ist es eigentlich egal, mit welcher Methode man das erreicht hat. Aber man muß sich für eine Methode entscheiden und sie auch wirklich praktizieren, damit man den richtigen Nutzen davon hat. Wenn man ständig die Methoden wechselt, kommt man niemals zum Ziel. Das ist so ähnlich wie bei einer Bergbesteigung: Wenn man ständig den Bergführer wechselt, gelangt man nie zum Gipfel. Man muß bei einem Bergführer bleiben. Dabei hat man natürlich immer die besseren Aussichten, wenn es sich um einen guten Bergführer handelt. Daher sollten Sie auch bei der Entspannung nicht irgendeine Entspannungsmethode wählen, die gerade in Mode ist, sondern sich für eine Entspannungsmethode entscheiden, die wissenschaftlich durchdacht ist und sich auch praktisch bewährt hat.

Entspannung und Atmung

Entspannung und Atmung sind eng miteinander verbunden. Wenn wir in Streß geraten, atmen wir meistens unregelmäßig, verkrampft und versäumen es, vor allem richtig auszuatmen. Und umgekehrt: Wenn wir in der Lage wären, unseren Atem auch in Streßsituationen zu kontrollieren, hätten wir den Streß schon fast im Griff; denn mit lockerer und ruhiger Atmung behält man die Übersicht, bleibt konzentriert und kann jede Situation gelassener meistern. Da die Atmung jedoch mehrere Aspekte hat, wollen wir uns an dieser Stelle etwas ausführlicher mit der Atmung befassen; denn die Atmung ist ein oft vernachlässigtes Thema. Unser Leben ist zwar von der Geburt bis zum Tod eine ununterbrochene

Atmen Sie Leben!

Atemübung – aber sie ist uns unbewußt. Nur in Momenten, in denen wir in Atemnot geraten oder den Atem als unangenehme Empfindung wahrnehmen, wird uns die Atmung bewußt. Da die Atmung also ein überwiegend unbewußter Vorgang ist, hat der Mensch normalerweise auch keine besondere Beziehung zu ihr oder eine Motivation, irgend etwas an seiner Atmung zu ändern. Der Effekt bewußter Atmung wird daher oft unterschätzt. Denn die Atmung hat nicht nur einen Aspekt – sondern insgesamt

drei Aspekte, die wir auch genauer betrachten wollen. Die drei Aspekte der Atmung sind:

- Der biochemische Aspekt
- Der nervlich-seelische Aspekt
- Der Aspekt der direkten Energieaufnahme.

Zunächst sollten wir uns aber erst einmal fragen, warum wir überhaupt atmen müssen.

Der biochemische Aspekt der Atmung

Dieser Aspekt ist uns am vertrautesten. Wir müssen atmen, um zu leben. Wir wissen, vereinfacht ausgedrückt, daß wir Sauerstoff (O_2) einatmen und Kohlendioxid (CO_2) ausatmen. Woher kommt die »Kohle«, das C im CO_2? Was brauchen wir denn noch zum Leben außer Sauerstoff? Wir brauchen Nahrung. Vorgänge, bei denen Sauerstoff verbraucht wird, bezeichnet man als Oxidation (Oxygen = Sauerstoff) – und jede Oxidation dient der Energiegewinnung. Bei der Oxidation von Holz und Kohle oder auch von Benzin und Öl entstehen Energie und Wärme. Genauso ist das in unserem Organismus. Wir atmen Sauerstoff ein, der den Weg durch die Nase oder den Mund über die Luftröhre in die Lungen findet. In den Lungenbläschen geht der Sauerstoff in die kleinen Blutgefäße (Blutkapillaren) über, die die Lungenbläschen mit einem feinen Netz umspinnen. Über das Herz-Kreislauf-System wird der Sauerstoff in alle Körperzellen transportiert. Dort wandert er durch die Zellwände in das Zellplasma und von dort in die Mitochondrien, die »Kraftwerke der Zelle«. Vorwiegend hier findet der Verbrennungsprozeß statt, in dem der durch die Atmung aufgenommene Sauerstoff mit den durch das Magen-Darm-System aufgenommenen Nahrungsbestandteilen (Zucker, Fettsäuren, Aminosäuren) zusammengebracht wird. Diese Oxidation oder »Verbrennung« ist die Grundlage unserer Energiegewinnung.

Innere Atmung

Die Frage ist nun, wieviel Energie wir maximal pro Zeiteinheit gewinnen können; denn die maximal mögliche Energiefreisetzung pro Zeiteinheit bestimmt unsere maximal mögliche Leistung, also wie schnell wir uns zum Beispiel über längere Zeit fortbewegen können, etwa beim Walking, Waldlauf oder Radfahren. Wie wir gesehen haben, brauchen wir dazu zwei Bestandteile: die Atmung und die Nahrung. Wodurch wird nun unsere maximal mögliche Ausdauerleistung limitiert oder begrenzt – dadurch, wieviel Nahrung wir zu uns nehmen können, oder dadurch, wieviel Sauerstoff wir durch die Atmung aufnehmen können? Die meisten Menschen glauben, daß sie viel essen müssen, um viel leisten zu können. Das ist aber ein Trugschluß. Man muß nämlich eigentlich zunächst überhaupt nichts essen, weil der Körper über genügend Energiereserven verfügt, nämlich über 1200 bis 2400 Kilokalorien (kcal) an Kohlenhydraten (in Form von Leber- und Muskelglykogen) und als langfristige Reserve beim Normalgewichtigen über mehr als 50 000 (!) Kilokalorien (kcal) an Fett – und für jedes zusätzliches Kilogramm Fett weitere 7500 kcal (kcal) zusätzlich. Wenn man also zum Beispiel mit einem Flugzeug in einer Wüste notlanden müßte, könnte man mit diesen Energiereserven – vorausgesetzt, man hat genügend Wasser zum Trinken – durchaus zwei bis drei Wochen marschieren, ohne zu essen. Das maximal mögliche Tempo wird jedoch durch die maximale Sauerstoffaufnahmefähigkeit begrenzt.

Die maximale Sauerstoffaufnahmefähigkeit ist also der limitierende Faktor oder die begrenzende Größe für die maximale Ausdauerleistungsfähigkeit des Menschen. Nun könnte man meinen, daß eine »große Lunge« eine höhere maximale Sauerstoffaufnahmefähigkeit gewährleistet. Das ist aber nicht der Fall. Die maximale Sauerstoffaufnahmefähigkeit des Menschen wird durch zwei andere Faktoren bestimmt, nämlich durch das Alter und durch den Trainingszustand (maximale Ausdauerleistungsfähigkeit oder aerobe Fitneß). Für diese beiden Faktoren gemeinsam ist der Ort, in dem die maximale Sauerstoffaufnahmefähigkeit abgebaut (biologischer Alterungsprozeß) oder aufgebaut wird (Ausdauertraining). Das spielt sich in der Peripherie des Körpers, in den Zellen,

genauer gesagt in den Muskelzellen ab. Die innere Atmung besteht in der Aufnahme von Sauerstoff (O_2) aus dem Blut in die Körperzellen (Mitochondrien) und der Abgabe des Kohlendioxids (CO_2) in das Blut. Es ist die Qualität der Mitochondrien, der sogenannten Kraftwerke der Zellen, mit ihrer Ausstattung an Enzymen für die innere Atmung, die die maximal mögliche Verarbeitung des aufgenommenen Sauerstoffes und die daraus entstehende Energie nach oben begrenzt. Durch den biologischen Alterungsprozeß nimmt die Funktion dieser Enzyme der inneren Atmung ab – und durch geeignetes, richtig dosiertes Ausdauertraining wird die Funktion gerade dieser Enzyme verbessert und immer weiter aufgebaut. Der biologische Alterungsprozeß, bei dem bei passiver Lebensweise pro Jahr etwa ein Prozent der maximal möglichen Sauerstoffaufnahmefähigkeit verlorengeht, kann also durch ein richtig dosiertes Ausdauertraining aufgehalten und in oft erstaunlich ausgeprägter Weise wieder rückgängig gemacht werden.

Äußere Atmung

Bei dem Vorgang der äußeren Atmung sind das Zwerchfell, der Brustkorb und die Lungen beteiligt. Das Zwerchfell ist eine flache Muskelplatte, etwa zwei bis drei Millimeter dick, die den Brustraum vom Bauchraum trennt. Oberhalb des Zwerchfells befinden sich die Lungen und das Herz, unterhalb die Leber, die Milz und das gesamte Magen-Darm-System des Bauchraumes. Bei der Einatmung (Inspiration) bewegt sich das Zwerchfell nach unten, so daß sich die Lungenflügel nach unten ausdehnen wie bei einem Blasebalg. Gleichzeitig werden dadurch die Organe des Bauchraumes, vor allem auch das Magen-Darm-System, in regelmäßigen Abständen bewegt, so daß sich bei einer tief ausgeführten Zwerchfellatmung die Bauchwand nach außen wölbt. Daher spricht man bei der Zwerchfellatmung auch von der Bauchatmung (siehe Seite 135). Wenn man bedenkt, daß durch die Zwerchfellatmung nicht nur die Lungenflügel zur Ein- und Ausatmung nach unten und oben bewegt werden, sondern in glei-

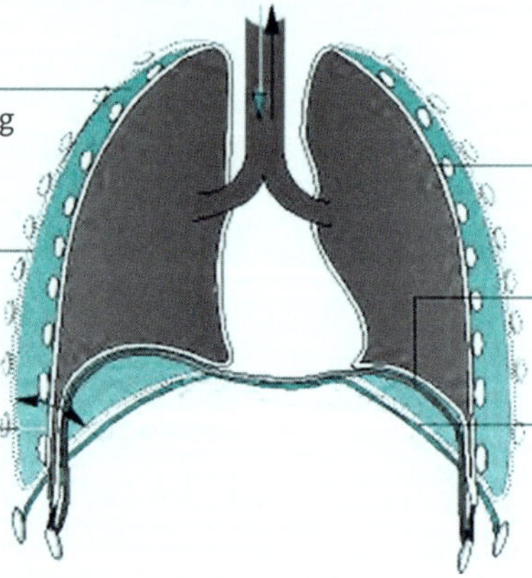

Zwerchfell und Brustkorb nach maximaler Ein- und Ausatmung

cher Weise auch das Magen-Darm-System, erkennt man, daß die Atmung auch für die Bewegung des Verdauungssystems eine Rolle spielt. Tatsächlich haben Menschen, die die Zwerchfellatmung (Bauchatmung) vernachlässigen, auch mehr Probleme mit ihrer Verdauung und leiden häufiger unter Verstopfung (Obstipation). Das ist oft bei Menschen, die Streß haben, der Fall. Im Streß neigt man dazu, mehr nach oben in die Brust hinein zu atmen und sich dabei zu verkrampften, so daß man manchmal das Gefühl hat, daß die Luft nicht dorthin geht, wohin sie eigentlich gehen sollte. Wer also locker in den Bauch hineinatmet, erzielt damit zwei Effekte: Man baut dadurch Streß ab und fördert gleichzeitig die Tätigkeit des Magen-Darm-System.

Bei der Brustatmung wird bei einer tiefen Einatmung (Inspiration) der Brustkorb erweitert: Rippen und Brustbein werden gehoben, und die Lungenbläschen (Alveolen) entfalten sich. Bei einer tiefen Ausatmung (Exspiration) verkleinert sich der Bustraum, Rippen und Brustbein senken sich und die Lungen ziehen sich durch ihre Eigenelastizität zusammen.

Die Menge der bei stärkster Ein- und Ausatmung in der Lunge bewegten Luft nennt man Vitalkapazität und den Rest an Luft, der auch bei stärkster Ausatmung noch in den Lungen verbleibt, nennt man Residualvolumen. Vitalkapazität und Residualvolumen ergeben zusammen die Totalkapazität der Lungen.

Die Einatmungsluft enthält durchschnittlich 21 Volumenprozent Sauerstoff (O_2) und 0,03 Volumenprozent Kohlendioxid (CO_2) – die Ausatmungsluft dagegen nur noch 14 Volumenprozent Sauerstoff (O_2), aber 5,6 Volumenprozent Kohlendioxid (CO_2). Wie häufig man in Ruhe pro Minute atmet, ist recht unterschiedlich. Medizinisch sagt man, Erwachsene atmen etwa 16mal pro Minute – aber es gibt auch Menschen, die in Ruhe über 20mal atmen, und auch Menschen, die nur vier- bis sechsmal pro Minute atmen. Das ist von Mensch zu Mensch verschieden. Menschen, die innerlich ruhig und ausgeglichen sind, atmen häufig weniger oft als Menschen, die innerlich angespannt und im Streß sind. Das Atemzugvolumen, das man in Ruhe ein- und ausatmet, beträgt etwa einen halben Liter. Das Volumen, das man in einer Minute ein- und ausatmet, bezeichnet man als Atemminutenvolumen. Wenn man also in Ruhe 0,5 Liter Atemzugvolumen hat, beträgt das Atemminutenvolumen bei vier bis sechs Atemzügen pro Minute 2 bis 3 Liter, bei 16 bis 18 Atemzügen pro Minute 8 bis 9 Liter. Es gibt also große Unterschiede in Atemfrequenz und Atemminutenvolumen in Ruhe. Unter Belastung steigen Atemfrequenz und Atemminutenvolumen an: Man atmet häufiger und tiefer. Dabei kann die Atemfrequenz auf über 100 Atemzüge pro Minute ansteigen und das Atem-

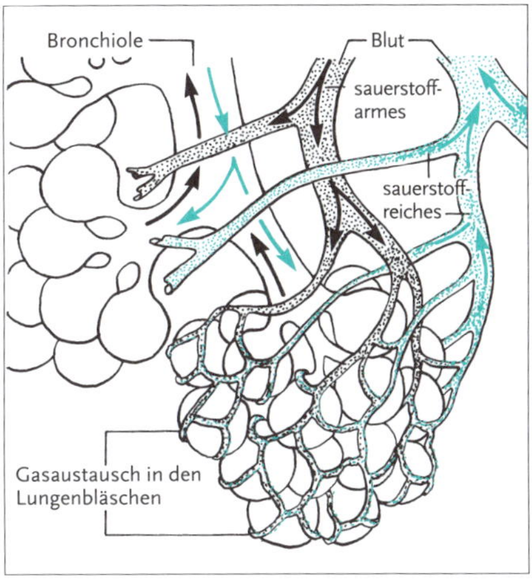

Lungenbläschen (Alveolen) mit Blutgefäßen. Lungenvenen mit sauerstoffreichen und Lungenarterien mit sauerstoffarmem Blut

INFO GESUNDHEIT

Äußere und innere Atmung

- Unter äußerer Atmung versteht man die Atemtätigkeit der Lungen durch die Bauch-, Flanken- und Brustatmung. Die Menge der bei stärkster Ein- und Ausatmung in der Lunge bewegten Luft nennt man Vitalkapazität. Die Vitalkapazität hängt vom Lebensalter und vom Trainingszustand ab. Normalerweise beträgt die Vitalkapazität der Lungen im mittleren Lebensalter etwa 2 bis 4 Liter, bei Sportlern in mittlerem Lebensalter etwa 4 bis 6 Liter, bei Sportlern in jüngerem Lebensalter bis zu 6 bis 8 Liter.
- Unter innerer Atmung versteht man die Oxidation (»Verbrennung«) von Nährstoffen (Kohlenhydrate, Fette, Eiweiß) unter Verbrauch von Sauerstoff zur Energiegewinnung. Zahl und Größe der Mitochondrien (»Kraftwerke der Zellen«) zusammen mit ihren Enzymen für die innere Atmung bestimmen, wieviel Energie pro Zeiteinheit mit Hilfe von Sauerstoff (aerobe Energiegewinnung) gewonnen werden kann. Die leistungsbegrenzende Größe für die maximale Ausdauerleistungsfähigkeit ist die maximale Sauerstoffaufnahmefähigkeit.
- Die maximale Sauerstoffaufnahmefähigkeit des Menschen nimmt mit zunehmendem Alter ab – und mit zunehmendem Ausdauertrainingszustand zu. Man kann also mit einem richtig dosierten Ausdauertraining den Alterungsprozeß in Bezug auf die maximale Sauerstoffaufnahmefähigkeit aufhalten und in gewisser Weise auch wieder rückgängig machen. Die begrenzende Größe für die maximale Sauerstoffaufnahmefähigkeit sind nicht die Lungen (äußere Atmung), sondern die innere Atmung in den Mitochondrien – und die ist abhängig vom Lebensalter und vom Ausdauertrainingszustand.

minutenvolumen auf über 200 Liter. Bei der Atmung sieht man die Variationsbreite des Lebens. Wir sind das ganze Leben energetisch an die Atmung gebunden. Daher heißt es auch im Yoga: »Der Atem ist das Band, das die Seele an den Körper bindet.«

Der nervlich-seelische Aspekt der Atmung

Wir haben bereits die enge Verbindung zwischen Atmung und Streß erwähnt. Ruhige und regelmäßige Atmung machen uns ruhig. Wir können daher die Atmung sehr gut in das Konzept unserer Entspannung einbauen. Zunächst wollen wir uns aber damit befassen, warum die Atmung so beruhigend wirken kann. Das hängt mit dem Nervensystem zusammen. Die Lungenbläschen (Alveolen) sind, wie bereits erwähnt, sehr stark mit kleinen Blutgefäßen versorgt. Das ist auch verständlich; denn der Sauerstoff muß ja durch die Wände der Lungenbläschen hindurch ins Blut gelangen. Dazu ist es notwendig, daß die Lungenbläschen selbst eine große innere Oberfläche haben. Wenn man alle Lungenbläschen unserer Lungen auf dem Boden ausbreiten könnte, würden sie immerhin eine Fläche von 100 m^2 einnehmen! Damit der Sauerstoff über diese große Fläche in das Blut übertreten kann, hat der Körper auf der anderen Seite auch eine große Fläche von kleinen Blutgefäßen (Kapillaren) geschaffen, um diesen Sauerstofftransport möglichst optimal zu gestalten. Wie gesagt, das ist verständlich. Wundersam ist es allerdings, daß die Lungenbläschen von einem mindestens genauso dichten Netz feiner Nervenfasern umspannt sind – und zwar von Nervenfasern des parasympathischen Nervensystems, auch Nervus vagus genannt (siehe auch Seite 16). Dieser Anteil des sogenannten unwillkürlichen, autonomen oder vegetativen Nervensystems dient dazu, die Ruhelage des Organismus zu regulieren. Durch Stimulierung des parasympathischen Nervensystems werden Reize zum Zentrum des Nervus vagus ins Mittelhirn gesandt – und von dort werden Impulse der Ruhe in den Körper hineingesendet: Das Herz schlägt langsamer, der Blutdruck wird niedriger, Streßhormone verschwinden.

Diesen Effekt kann man durch ein drastisches Experiment beweisen. Wenn man nämlich jemanden auffordert, tief einzuatmen und die Luft anzuhalten, und ihm dann ruckartig den Brustkorb zusammendrückt, wird ihm zumindest schwindlig. Im Extremfall kann er sogar bewußtlos werden. Ich schreibe das nicht, damit man dieses Experiment nachmacht, sondern deswegen, weil es immer wieder »Lausbuben« gibt, die durch irgendeine geheime Überlieferung von diesem Experiment erfahren und es an ihren Freunden oder Nicht-Freunden ausprobieren. Wir wissen nun wenigstens, wie dieses »Experiment« funktioniert: Durch die akute Überdehnung der Lungenbläschen wird ein starker Dehnungsreiz auf die Fasern des Nervus vagus in den Lungen ausgeübt. Dadurch wird eine akute »Ruhelage« des Organismus provoziert: Das Herz schlägt plötzlich sehr langsam oder macht eine lange Pause, und der Blutdruck sinkt abrupt ab. Ähnliches geschieht, wenn man unter Hustenanfällen leidet. Auch dadurch können die Lungenbläschen akut überdehnt werden, so daß einem über einen akuten Vagus-Reiz infolge einer verminderten Hirndurchblutung schwindlig oder man sogar ohnmächtig werden kann. Die Ohnmacht nach einem Hustenanfall nennt man Hustensynkope. Sie tritt manchmal bei älteren Leuten auf, die unter starken Hustenanfällen leiden.

Diese Zusammenhänge zeigen, wie eng Atmung und parasympathisches Nervensystem (Nervus vagus) verknüpft sind. Natürlich ist es eine Frage der Dosis, genau wie bei einem wirksamen Medikament. Mit richtig dosierter Atmung kann man sehr gut durch eine milde Anregung des Nervus vagus in den Lungenbläschen die Ruhelage des Organismus fördern. Dazu sind bewußte Atemübungen sehr gut geeignet.

Atmen Sie auch Energie!

Der energetische Aspekt der Atmung

Bis hierher können wir als wissenschaftlich geschulte und naturwissenschaftlich denkende Menschen den Ausführungen ganz gut folgen. Doch die Atmung hat noch einen weiteren wichtigen Aspekt. Man kann nämlich durch die Lunge auch direkt Energie aufnehmen. Wir sind es gewohnt, bei der Energiegewinnung in unserem Körper an Sauerstoff und Kalorien zu denken. Doch die östlichen Kampfsportarten zum Beispiel arbeiten nicht nur mit Sauerstoff, sondern auch mit der direkten Energieaufnahme durch die Atmung. Von der auffallend dichten Nervenversorgung der Lungenbläschen haben wir bereits gesprochen und diese Tatsache ganz praktisch für die Entspannung gefunden. Doch kann man wohl nicht glauben, daß die Natur die Lungenbläschen deswegen so gut mit Nervenfasern versorgt hat, damit wir uns gut entspannen können. Die östlichen Kampfsportarten und auch die Yogis haben nämlich entdeckt, daß der Mensch überall da direkt Energie aufnehmen kann, wo die Natur ihm mit einem dichten Netz von Nervenfasern dabei hilft. Insbesondere weisen sie auf drei Stellen des Körpers hin, die für eine direkte Energieaufnahme geeignet sind:

Die Nervenfasern in der Riechzone der Nase. Von dort gehen die Nervenfasern direkt ins Gehirn. Wir benutzen diese Möglichkeit zum Beispiel bei der Aromatherapie oder der Beeinflussung unseres Bewußtseins durch Düfte. So haben wir zum Beispiel Erfahrung mit dem »Riechfläschchen« (Salmiakgeist, das sogar eine akute Ohnmacht beseitigen kann). Auch Meerrettich »sticht« manchmal bis hinauf ins Gehirn, so daß wir plötzlich ganz wach werden. Weiterhin machen wir die Erfahrung, daß wir müde und geistig weniger leistungsfähig werden, wenn die Nasenatmung zum Beispiel durch einen Schnupfen behindert ist. Das ist auch bei Schulkindern belegt. Es gibt Studien, die beweisen, daß der Intelligenz-Quotient (IQ) bei Schulkindern signifikant ansteigt, wenn die durch Polypen der Nasenschleimhaut oder aus anderen Gründen behinderte Nasenatmung wieder normalisiert wird.

Die Nervenfasern in der Zunge dienen dem Feinschmecker dazu, direkt über die Zunge Energie aus der Nahrung aufzunehmen. Wenn man zum Beispiel eine appetitliche Mahlzeit beginnt und das Essen auf der Zunge zergehen läßt, fühlt man sich sofort wacher und vitaler – und zwar durch direkte Energieaufnahme durch die Zunge; denn die Verdauung braucht mindestens 20 bis 30 Minuten, um spürbare Energie zu liefern.

Die Nervenfasern in der Lunge ermöglichen es uns, direkt Energie aus der Luft aufzunehmen – ohne Umweg über den Sauerstoff. Das mag zunächst paradox klingen. Aber auch für diese Tatsache gibt es nachvollziehbare Erfahrungen. So kennen wir sicher Menschen, die in klimatisierten Räumen ohne Fenster müde sind, obwohl die Sauerstoffversorgung an sich durch die Klimaanlage optimal funktioniert. Erst wenn man aus solchen geschlossenen, fensterlosen Räumen wieder ins Freie hinaustritt und ein paar tiefe Atemzüge in frischer, energiegeladener Luft macht, fühlt man sich wieder wacher und vitaler. Das gleiche ist der Fall, wenn sonst müde und völlig untrainierte Menschen sogar in größerer Höhe bei Sonnenlicht Ski fahren. Meistens kann man ohne Pause und ohne Mittagessen viele Stunden hintereinander mit großer Energie körperlich aktiv sein, ohne müde zu werden – obwohl der Sauerstoffgehalt in größerer Höhe sogar geringer ist. Man hat das Gefühl, daß man die Luft fast wie Sahne trinken kann. So beschreiben manche das Gefühl der direkten Energieaufnahme durch die Atmung.

Allen diesen drei Fällen ist folgendes gemeinsam: An diesen Stellen der Energieaufnahme befinden sich dichte Ansammlungen von Nervenfasern, und es ist notwendig, daß das Bewußtsein dort anwesend ist, um die Energie zu übernehmen. Obwohl diese Erfahrungen nachvollziehbar sind, werden wir doch infolge unserer Denkgewohnheiten skeptisch und ungläubig gegenüber einer solchen Vorstellung sein. Doch machen wir uns zusätzlich noch eines bewußt: Wir sagen zwar, daß wir Sauerstoff und Nahrung verbrauchen – aber im Grunde

stimmt das nicht. Denn in diesem ganzen Prozeß der Energiegewinnung geht kein einziges Atom verloren, das heißt wir »verbrauchen« eigentlich überhaupt nichts. Jedes Atom erscheint wieder. So atmen wir Sauerstoff (O_2) ein und Kohlendioxid (CO_2) aus. Der Sauerstoff (O_2) erscheint im Kohlendioxid (CO_2) wieder. Nur ist er eben jetzt an Kohlenstoff gebunden und hat seine Energie im Körper abgegeben. Die Frage ist nur: an wen oder was? Im Grunde ist es unsere Lebenskraft, die diese Energie übernimmt. Alle Atome dienen nur dazu, die Energie an unsere Lebenskraft zu übergeben. Ohne Lebenskraft funktioniert dieser ganze Prozeß nicht. In einen toten Organismus kann man noch soviel Sauerstoff und Kalorien hineinfüllen – es passiert nichts, weil die Lebenskraft fehlt, die diese Energie übernimmt. Es geht also immer nur um die Energie. Aus Gewohnheit haben wir uns darauf fixiert, daß diese Energie immer indirekt über Sauerstoff und Nahrung transportiert wird – und haben nicht wahrgenommen, daß dieser Umweg nicht immer notwendig ist. Denn unsere Lebenskraft kann auch direkt Energie aufnehmen, und zwar über das Nervensystem, weil sie dort vorwiegend zu Hause ist. Erst wenn man diese beiden Möglichkeiten – indirekte und direkte Energieaufnahme – miteinander kombiniert, hat man die beste Energieversorgung erreicht.

Es ist also ein weiterer wichtiger Aspekt der bewußten Atmung, das Bewußtsein in die Lunge und ihre Nervenfasern zu lenken, um auch direkt Energie aus der uns umgebenden Atmosphäre aufnehmen zu können – zusätzlich zur Sauerstoffaufnahme über die Blutkapillaren. Diese Überlegungen ändern nichts daran, daß die Haupt-Energiequelle des Körpers darin besteht, aus Nahrung und Sauerstoff Energie zu gewinnen. Man könnte aber diese biologische Energieversorgung noch deutlich verbessern – wenn man zusätzlich bewußt riecht, bewußt schmeckt und bewußt atmet. Dadurch wird unsere Lebenskraft in die entsprechenden Organe gelenkt und kann dort direkt zusätzliche Energie aufnehmen.

Die besten ENTSPANNUNGS-METHODEN

Egal, ob autogenes Training, progressive Muskelentspannung oder Yoga-Tiefenentspannung – mit diesen Techniken können Sie so richtig entspannen und Ihren »Akku« wieder voll auftanken.

>>

Das autogene Training

Dieses Verfahren zur konzentrativen Selbstentspannung geht auf den Nervenarzt Dr. J. H. Schultz zurück, der diese Methode 1927 in seinem Buch »Das autogene Training« veröffentlicht hat. In diesem Buch hat er eine große Zahl von Patienten beschrieben, die durch diese Methode Besserungen erzielt haben. Ganz erstaunlich war vor allem die Tatsache, daß seine Patienten durch das autogene Training nicht nur ruhiger wurden, sondern daß sich auch eine ganze Reihe von Beschwerden und Störungen gebessert haben, an die Dr. Schultz als Nervenarzt eigentlich zunächst gar nicht gedacht hatte, zum Beispiel psychosomatische Beschwerden, funktionelle Beschwerden wie Kopfschmerzen, Bauchschmerzen, Herzbeschwerden, aber auch Ängste und depressive Verstimmungen. Alle diese Besserungen konnten allein durch die Technik des Loslassens der Außenwelt und durch das Abschalten von negativen Gedanken und Gefühlen erreicht werden. Mit der Methode des autogenen Trainings werden sechs Bereiche des Körpers beeinflußt:

Muskulatur, Blutgefäße, Herz, Atmung, Bauchorgane und Kopf.

Durch festgelegte Formeln (Affirmationen) wie »Ich bin ganz ruhig« oder »Ich bin ganz entspannt« kann man sich bei genügender Konzentration allmählich in einen Zustand tiefer Entspannung versetzen. Durch regelmäßiges Training kann man auf diese Weise sein seelisches Gleichgewicht wiedererlangen und den Alltagsstreß gelassen meistern. Das autogene Training kann man im Sitzen oder im Liegen durchführen. Man konzentriert sich mit geschlossenen Augen auf die Formeln, die man in verschiedenen Stufen gelernt hat. Diese Formeln wirken sich im ganzen Körper aus und führen zu einer Entspannung in der Muskulatur und im Gefäßsystem. Die Muskelentspannung erlebt man als Schweregefühl, die Entspannung der Blutgefäße als Wärme, weil sich die Gefäße erweitern und dadurch die Hautdurchblutung gesteigert wird. Jede Übung des autogenen Trainings wird schließlich bewußt beendet, und zwar durch die sogenannte Rücknahme, das heißt, Körper und Bewußtsein werden wieder aus dem entspannten Zustand bewußt herausgeholt.

Das autogene Training ist besonders für Menschen geeignet, die sich gut konzentrieren können und die schnelle Erfolge erleben wollen. Man kann durch das autogene Training die Entspannung ganz gut lernen, auch das Loslassen. Man müßte diese Methode jedoch noch durch eine geistige Schulung ergänzen, damit man nach der Entspannung nicht immer wieder die gleichen Fehler macht, die zu neuem Streß führen. Das autogene Training bringt also den größten Nutzen, wenn man es mit der Anwendung der geistigen Gesetze (siehe Seite 55) kombiniert. Im Grunde ist das autogene Training eng verwandt mit der Yoga-Tiefenentspannung (siehe Seite 126). Wie ich von einem Schüler von Dr. Schultz erfahren habe, hängt dies damit zusammen, daß Dr. Schultz in Indien war und die Yogis bei ihren Yoga-Übungen beobachtet hatte. Die Yoga-Übungen waren ihm damals zu kompliziert – und die Zeit wäre auch nicht reif für Yoga gewesen. Die Yogis arbeiteten schon immer mit geistigen Formeln (Affirmationen), um die Wirkung der Yoga-Übungen und der Entspannung zu steigern. Daher sind sich autogenes Training und die Yoga-Tiefenentspannung sehr ähnlich. Im Yoga sind aber gleichzeitig auch die geistigen Gesetze enthalten.

Die progressive Muskelentspannung

Auch diese Entspannungstechnik ist sehr bekannt, medizinisch begründet und anerkannt. Sie wurde von dem Amerikaner Edmund Jacobson aufbauend auf dem autogenen Training entwickelt. Sie wird auch Progressive Muskelrelaxation oder Muskel-Tiefenentspannung genannt. Grundlage dieser Technik ist das Naturgesetz: »Erst die Anspannung, dann die Entspannung«. Auch bei der progressiven Muskelentspannung geht es im Prinzip

um eine bewußte Körperwahrnehmung: Grundlage dieser Technik ist, Spannung und Entspannung bewußt wahrzunehmen und dadurch eine tiefe muskuläre Entspannung zu erreichen. Muskulatur und Psyche hängen eng zusammen. Der Alltagsstreß führt nicht nur zu nervlichen Verspannungen, sondern auch zu Verspannungen und Daueranspannung bestimmter Muskeln, zum Beispiel im Nacken- und Schulterbereich oder an verschiedenen Stellen der Wirbelsäule. Gerade Überforderung oder seelische Probleme schlagen sich sehr oft in verspannten Muskeln entlang der Wirbelsäule nieder. Durch die progressive Muskelentspannung kann man diese durch den Streß verspannten Muskeln wieder bewußt entspannen. Mit dieser Methode lernt man, einzelne Muskeln über einen bestimmten Zeitraum anzuspannen, um dann durch bewußtes abruptes Lockerlassen die Spannung wieder zu lösen. Auch die Übungen der progressiven Muskelentspannung sind einfach und lassen sich gut im Alltag praktizieren. Wichtig aber ist, daß man regelmäßig übt. Die Zeitabstände zwischen den Übungseinheiten sollten nicht zu lang sein, weil auch ein Muskel »vergißt«, was er in den vorhergehenden Übungen gelernt hat, wenn sie zu lange zurückliegen.

Yoga-Tiefenentspannung

Die Yoga-Tiefenentspannung ist eine sehr natürliche und vollkommene Methode, sich zu entspannen und innere Ruhe zu finden. Wer autogenes Training oder die progressive Muskelentspannung nach Jacobson bereits angewendet hat, wird sich in der Yoga-Tiefenentspannung sofort zu Hause fühlen. Es ist die älteste Methode der Entspannung, so daß sich eigentlich alle später entwickelten Entspannungsmethoden auf die Yoga-Tiefenentspannung zurückführen lassen. Man kehrt gewissermaßen zu den Wurzeln zurück.Die Rückkehr zu den Wurzeln gibt einem immer die größte Kraft, weil das Ursprüngliche der Quelle immer am nächsten ist. Neben der konzentrativen Selbstentspannung und dem Loslassen der Körperteile lernt man bei der Yoga-Tiefenentspannung auch das Loslassen von negativen Gedanken und Gefühlen. Auf die Yoga-Tiefenentspannung gehen wir später (siehe Seite 126) deswegen noch genauer ein. Weil das Yoga-System jedoch so interessant und wissenschaftlich durchdacht ist, wollen wir uns zunächst näher mit dem Yoga befassen; denn ein System, das sich über 5000 Jahre hinweg unverändert halten konnte, muß die Wahrheit selber sein. Außerdem ist es wichtig, zweigleisig zu fahren: Man sollte einerseits eine einfache und wirksame Methode der Entspannung praktisch üben, um vorhandene Verspannungen und negative Gedanken und Gefühle loszuwerden – und man sollte auf der anderen Seite durch geistige Schulung lernen, nicht nach der Entspannung sofort wieder neuen Streß aufzubauen, sondern ruhig und gelassen zu leben.

Was spielt sich eigentlich bei der Entspannung ab und was ist das Ziel der Entspannung? Abgesehen davon, daß man durch die Entspannung innerlich zur Ruhe kommt, gibt es bis heute keine weitere Erklärung für das Phänomen der Entspannung. Interessant ist aber, daß zum Beispiel die indischen Yogis schon vor mehreren tausend Jahren wußten, worauf es bei der Entspannung ankommt. Der indische Yoga-Meister Patanjali hat das erstmals einige Jahrhunderte vor unserer Zeitrechnung in seinen Yoga-Sutras schriftlich niedergelegt – und zwar mit folgenden drei einfachen Sätzen:

- »Yoga (Entspannung) ist das Zur-Ruhe-Bringen der Wellen in der Denksubstanz.«
- »Dann ruht der Sehende in seiner Wesensidentität.«
- »Durch Identifikation mit den Wellen in der Denksubstanz ist er anderswo.«

Im Grunde ist also der Mensch, wenn er ohne geistige Schulung und ohne Entspannung lebt, immer anderswo – und ruht nicht im eigenen Wesen. Und wie bereits der alte Yoga-Meister Patanjali erkannt hat, ist unser Problem tatsächlich die Identifizierung mit den Wellen in der Denksubstanz, mit den Gedanken und Gefühlen in unserem Bewußtsein. So kann

es zum Beispiel sein, daß wir uns manchmal ganz gut und vielleicht sogar glücklich fühlen und uns innerlich sagen: »Ja, so wie ich jetzt bin, entspricht es meinem Wesen. So bin ich wirklich, und so könnte es bleiben.« Wenn dann aber jemand kommt und uns tadelt oder mit negativer Kritik belastet, fühlen wir uns sofort und plötzlich ganz anders – obwohl sich unsere Persönlichkeit in diesem kurzen Augenblick nicht geändert hat. Um bei der Ausdrucksweise des indischen Yoga-Meisters Patanjali zu bleiben, ist folgendes geschehen: Durch den Tadel oder die negative Kritik haben wir negative Wellen in der Denksubstanz erzeugt, mit denen wir uns auch sofort identifiziert haben. Wir werden erst dann wieder zu unserem wirklichen Wesen gekommen sein, wenn wir uns von der Identifizierung mit diesen negativen Wellen unserer Denksubstanz wieder befreit haben werden. Dazu braucht man ohne geistige Schulung und ohne die Technik einer Entspannung unterschiedlich lange Zeit; denn die Zeit fördert die Loslösung von der Identifizierung mit den negativen Wellen in der Denksubstanz. Darauf beruht die Erkenntnis: »Die Zeit heilt Wunden.« Mit der richtigen Technik des Loslassens durch Entspannung kann man diesen Vorgang wesentlich beschleunigen und schneller wieder zu seinem wahren Wesen zurückkehren, das heißt, schnell wieder zu sich selber kommen.

Das Prinzip der Entspannung ist einfach. Man muß Entspannung nur praktisch üben. Auch das hat Patanjali sehr einfach formuliert:

Das »Zur-Ruhe-Bringen der Wellen in der Denksubstanz« erreicht man durch Übung und Loslösung.

Das intensive Bemühen um diesen Ruhezustand ist die Übung.

Wenn diese Übung eine ausreichende Zeit ununterbrochen und mit Hingabe vollzogen wird, bereitet sie eine feste Grundlage für den Ruhezustand.

Die Zeitdauer einer Entspannung sollte etwa fünf bis zehn Minuten betragen. Als Beispiel für eine Yoga-Tiefenentspannung finden Sie den Text unserer Yoga-Schule im folgenden Kasten (Seite 126).

Yoga-Tiefenentspannung

- Auf dem Rücken liegen. Die Arme seitlich am Körper auf den Boden legen, die Handflächen nach oben, in der Haltung des Loslassens.
- Den Körper lockerlassen und sich fallenlassen und erleben, wie Sie vom Boden getragen werden.
- »Ich vergesse den Alltag mit all seinen Problemen und Sorgen. Die Außenwelt existiert nicht. Ich bin nur anwesend hier in diesem Raum. Ich bin in der Gegenwart – nicht in der Vergangenheit und nicht in der Zukunft.
- Ich lasse alles los, was mich reizt, was mich unzufrieden und unglücklich macht. Ich lasse auch los alle negativen Gedanken und Gefühle wie Haß, Neid, Eifersucht, Nachtragen und so weiter.
- Den ganzen Körper lockerlassen, sich fallenlassen und erleben, wie Sie vom Boden getragen werden.
- Und nun mit vollem Bewußtsein hinuntergehen zu den Füßen und die Füße entspannen. Sich die Füße genau vorstellen: die Fußsohlen, die Zehen, die Fußrücken – und die Füße entspannen.
- Die Fußgelenke entspannen, die Waden und Schienbeine entspannen, die Kniegelenke entspannen, die Oberschenkel entspannen.
- Den Unterleib entspannen. Den Oberbauch und die Verdauungsorgane entspannen. Den Brustkorb und die Brustorgane entspannen.
- Die Arme lockerlassen. Die Hände und Handflächen entspannen, die Handgelenke entspannen. Die Unterarme entspannen. Die Ellbogengelenke entspannen. Die Oberarme und Schultern entspannen.
- Den Rücken und die Wirbelsäule von unten nach oben, Wirbel für Wirbel entspannen. Den Nacken und den Hals entspannen.
- Das Gesicht entspannen: Die Lippen, die Wangen, die Augen entspannen. Die Stirne entspannen und die Kopfhaut entspannen.
- Den ganzen Körper lockerlassen und sich fallen lassen und keinen inneren Widerstand leisten. Den Körper tief in den Boden hineinsinken lassen. Den Körper tief in den Boden hineinsinken lassen – und erleben, wie Sie ruhig und friedlich sind.
- Und bewußt die Entspannung genießen …

Text auf CD beim Autor erhältlich (www.konopka-dr.de)

Die gesundheitlichen Wirkungen von Yoga

Den größten Nutzen von Yoga hat man jedoch, wenn man die Yoga-Tiefenentspannung mit den weiteren Stufen des Yoga kombiniert. Inzwischen ist das Yoga-System auch in der westlichen Medizin anerkannt. Die gesundheitlichen Wirkungen des Yoga (vor allem von Hatha-Yoga, Yoga-Konzentration und Yoga-Meditation) konnten durch viele Studien bewiesen werden. Auch Sportler haben die positiven Wirkungen von Yoga für die Regeneration nach sportlichen Belastungen erkannt. Vor allem gegen die Zivilisationskrankheiten scheint Yoga ein ideales Rezept zu sein:

Schon nach kurzer, regelmäßiger Übung kann man zum Beispiel durch Yoga Rückenschmerzen abbauen, die Wirbelsäule stabilisieren und die Rückenbeschwerden vielleicht sogar ganz loswerden.

Untersuchungen bei Menschen mit Herzproblemen (Koronargruppen) zeigten, daß durch Yoga die üblichen Risikofaktoren viel besser beeinflußt werden als nur durch sportliche Übungen allein.

Schon nach wenigen Wochen werden durch Yoga-Übungen ein erhöhter Blutdruck oder auch erhöhte Blut-Cholesterinwerte deutlich gesenkt.

Sogar bei Diabetikern konnte man feststellen, daß durch Yoga-Übungen nach sechs Monaten der Blutzuckerspiegel deutlich gesenkt werden konnte.

Durch die Kombination von Atmung, Konzentration und Körperwahrnehmung kann man auch chronische Schmerzzustände günstig beeinflussen und sich im Idealfall von den Schmerzen befreien. Es konnte nachgewiesen werden, daß durch gelenkte Atmung an die Stelle des Schmerzes eine verstärkte Durchblutung und eine gesteigerte Stoffwechselfunktion auftraten.

Durch Yoga-Meditation kann man sich von Angstzuständen befreien, das Immunsystem stabilisieren und inneres Selbstvertrauen aufbauen.

Inzwischen sind die wissenschaftlichen Studien über die Wirksamkeit von Yoga-Übungen so zahlreich, daß man sie an dieser Stelle nicht alle erwähnen kann. Diese Studien haben unter anderem dazu geführt, daß inzwischen auch die Krankenkassen Hatha-Yoga in ihr Präventionsprogramm aufgenommen haben.

Die Kraft von Geist, Seele und Körper vereinen

Top-Manager (vor allem in den USA und inzwischen auch in Europa), Politiker, Sportler, Filmschauspieler und eine große Zahl gestreßter Menschen schwören inzwischen auf das Geheimrezept Yoga, um zur Ruhe zu kommen und neue Kräfte zu sammeln. Yoga kann dabei helfen, ruhig, ausgeglichen und harmonisch zu werden, Ihre Gesundheit und Konzentration zu verbessern und neue Erkenntnisse zu gewinnen.

Um Ihr Interesse für das ganze Yoga-System zu wecken, wollen wir bereits vorab die drei wichtigsten Punkte herausgreifen, mit denen Sie in die Lage versetzt werden, Ihre Kräfte von Körper, Seele und Geist zu bündeln:

Durch einfache wohltuende Körperübungen lernen Sie, Ihren Körper zu beherrschen, ihn wieder richtig wahrzunehmen, gelenkiger zu werden und Ihre Muskeln zu stärken.

Durch Atemübungen werden Sie sich Ihrer Atmung bewußt. Dadurch sind Sie in der Lage, ihre Atmung zu steuern, tiefer und regelmäßiger zu atmen – oder dadurch jeden Streß bereits an seinem Beginn aufzulösen.

Durch Konzentration lernen Sie, Ihr Bewußtsein in jene Körperteile zu lenken, mit denen Sie üben. Dadurch fällt es Ihnen leichter, sich auch im Alltag immer auf die Tätigkeit zu konzentrieren, die Sie gerade ausführen.

Das alles sind zumindest Gründe genug, um sich an dieser Stelle etwas genauer mit dem Yoga-System zu befassen. Es ist ein ganzheitliches, wissenschaftlich durchdachtes System, das wir so umfassend in unserer westlichen Welt nicht haben, das wir aber trotzdem als westliche Menschen mit unserem westlich geschulten Verstand gut verstehen und akzeptieren können.

Das Yoga-System

Das Yoga-System ist so umfassend, daß wir uns hier mit einem kleinen Überblick begnügen werden. Dieser Überblick mag Ihnen vielleicht als Sprungbrett dienen, sich näher mit diesem System zu befassen – am besten in einer Yoga-Schule an Ihrem Heimatort.

Das Wort »Yoga« stammt aus dem Sanskrit, der ältesten Sprache der Welt. Die Sanskritwurzel »Yuj« bedeutet soviel wie unser Wort »Joch«. Es wird hier auch eine Sprachverwandtschaft erkennbar, die man als indoeuropäische Sprachverwandtschaft bezeichnet. Diese Verwandtschaft erklärt auch, warum gerade Erkenntnisse aus der Yoga-Wissenschaft für uns leicht verständlich und nachvollziehbar sind und obendrein auch mit unseren modernsten wissenschaftlichen Erkenntnissen übereinstimmen. Man muß natürlich auch mit der richtigen, wissenschaftlich geschulten Antenne die Perlen im Yoga-System finden. Tatsache ist, daß wir in unserer westlichen Welt kein ähnliches, ganzheitliches System haben, das so wie Yoga Körper, Seele und Geist miteinander in Harmonie bringen kann. Um zu dem Wort »Joch« zurückzukehren: Wie man die Zugtiere mit dem Pflug verbindet, so verbindet Yoga den Menschen mit den Naturgesetzen, und zwar im Bereich von Körper, Seele und Geist. Ein Joch dient aber auch zur Lenkung der Zugtiere. Genauso dient Yoga auch der Lenkung, nämlich der Energielenkung und der Lenkung der Lebenskraft.

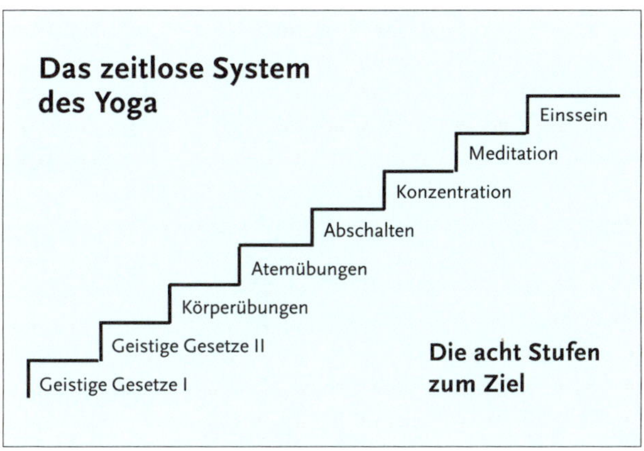

Man kann Yoga auf verschiedene Weise weitergeben, jedoch sollte dabei immer als »roter Faden« der achtstufige Pfad des Yoga (nach Patanjali) erkennbar sein. Diese acht Stufen führen zum höchsten Ziel des Yoga. Man könnte auch sagen: Die sieben Stufen sind der Weg – und die achte ist das Ziel. Dabei muß man nicht alle Stufen planmäßig durchschreiten, sondern man kann auf jeder Stufe verweilen, die einem besonders zusagt. Insofern ist Yoga für jeden Menschen geeignet, unabhängig von jeder Weltanschauung.

Stufe 1

Geistige Gesetze I – Tue es nicht!

Der Mensch hat bestimmte Neigungen, vor denen er sich in acht nehmen und die er beherrschen sollte:

Nichtverletzen: Keiner Seele Leid zufügen – weder in Taten noch in Worten, noch in Gedanken (siehe auch Seite 56)

Nichtlügen: Der Versuchung zu lügen widerstehen. Sich um vollkommene Ehrlichkeit bemühen – aber ohne zu verletzen (siehe auch Seite 62).

Nicht mit den Sinnen verhaftet sein: Sich der Sinnesorgane erfreuen, ohne von ihnen versklavt zu werden (siehe auch Seite 65).

Nichts nehmen, was einem nicht gehört – weder im materiellen noch im geistigen Bereich, das heißt, auch kein geistiges Gut für sich beanspruchen und auch nicht neidisch oder mißgünstig sein.

Nicht mit dem Besitz verhaftet sein: Alles was wir zu besitzen glauben, haben wir nur geliehen. Wir können nichts mitnehmen. Man sollte nicht vom Besitz besessen sein – sondern trotz Besitz innerlich frei sein können.

Stufe 2

Geistige Gesetze II – Tue es!

Der Mensch hat aber auch in sich bestimmte Tugenden, deren Entwicklung er fördern sollte:

Reinheit: Sich darum bemühen, sein ganzes Lebensumfeld sauber zu gestalten – und zwar in Körper, Seele und Geist. Den Körper außen (Körperhygiene, Körperpflege, Bewegung und Sport) und innen (gute Verdauung, gute Nahrung) sauberhalten. Die Seele mit guten Gefühlen rein erhalten, sich mit guter Literatur, guter Musik und Kunst beschäftigen, guten Umgang pflegen. Den Geist auch mit höheren Bewußtseinsinhalten beschäftigen wie gute Bücher lesen, sich mit Philosophie und dem Sinn des Lebens beschäftigen.

Zufriedenheit: Zufriedenheit ist eine geistige Einstellung. Vordergründig scheint es einfacher, zufrieden zu sein, wenn bestimmte äußere Umstände und Wünsche erfüllt sind. Umgekehrt garantiert die Erfüllung von Wünschen aber nicht auch gleichzeitig innere Zufriedenheit; denn – wie es Wilhelm Busch (ohne Yoga) sagte: »Ein Wunsch, wenn er erfüllt, kriegt augenblicklich Junge!«

Disziplin: Willenskraft entwickeln und sich den Naturgesetzen von Körper, Seele und Geist nähern und sich mit ihnen ins Gleichgewicht setzen (siehe auch Seite 65).

Selbst-Studium: Sowohl selbst philosophische Bücher und Schriften studieren – aber auch sein Selbst studieren, am besten durch inneres Erleben in der Meditation.

Liebe und Hingabe: Das Gefühl der Liebe und Hingabe bringt uns auf dem Weg, den wir gewählt haben, schneller zum Ziel (siehe auch Seite 66).

Stufe 3

Körperübungen

Wenn man nun, auf dem Boden der geistigen Gesetze, die Yoga-Körperübungen ausführt, haben sie eine viel größere Wirkung auf die Harmonisierung von Körper, Seele und Geist. Die Yoga-Körperübungen werden langsam und mühelos eingenommen und eine angemessene Zeit eingehalten. Während dieser Zeit wird der Atem kontrolliert – und zwar mit konzentriertem Geist. Nach den Yoga-Körperübungen folgt eine kurze Entspannung, während der man die Wirkungen der Übungen in Körper, Seele und Geist bewußt wahrnimmt. Es genügen einfache Yoga-Körperübungen, um alle heilsamen Wirkungen des Yoga zu entfalten: Wirbelsäule und Gelenke werden elastischer, Herz-Kreislauf und Atmung werden aufeinander abgestimmt, Nervensystem, Immunsystem und Hormonsystem werden gekräftigt. Die Yoga-Körperübungen dienen nicht nur dem Aufbau einer besonderen körperlichen und geistigen Fitneß, sondern insbesondere auch der Erholung und Regeneration von Belastungen im Alltag und im Sport sowie auch der Erholung nach Krankheiten.

Stufe 4

Atemübungen

Diese Stufe heißt in der ursprünglichen Sanskrit-Sprache »Pranayama«, was soviel wie Beherrschung der Energie und der Lebenskraft bedeutet. Das geschieht unter anderem durch den Atem, weil wir mit dem Atem Energie aufnehmen. Daher sind Atemübungen auf dieser Stufe im Vordergrund. Mit fortschreitender Beherrschung des Atems kann man aber auch lernen, mit den inneren Energien, vor allem auch mit der Lebenskraft in Wirbelsäule und Gehirn, Verbindung aufzunehmen und sie zu verstärken und zu lenken. Dadurch wird eine ganz besondere körperliche und geistige Fitneß aufgebaut, wie es allein durch Sport nicht möglich ist. Außerdem dienen die Yoga-Atemübungen auf ganz einfache Weise dazu, Streß abzubauen, ihm vorzubeugen, sich zu entspannen und eine vorher nicht gekannte innere Ruhe und Gelassenheit zu entwickeln.

Stufe 5

Abschalten

Abschalten möchte eigentlich jeder Mensch, zumindest in bestimmten Abständen oder nach sehr belastenden, streßreichen Zeiten. Meistens zieht man sich zurück und beschäftigt sich mit irgend etwas, das einen ablenkt. Yoga entwickelt die Fähigkeit, bewußt von den Sinnestelefonen sowie von negativen Gedanken und Gefühlen abzuschalten und seine Lebensenergie im Gehirn und Nervensystem zu sammeln und aufzubauen.

Stufe 6

Konzentration

Konzentration ist die Fähigkeit, seine Aufmerksamkeit von den Gegenständen der Zerstreuung zu befreien und sie willentlich in einem einzigen Punkt zu sammeln. Diese Fähigkeit ist sehr wichtig im Yoga – und auch im täglichen Leben. Ohne Konzentration kann man nichts erreichen. Daher ist gerade die Entwicklung der Konzentration durch Yoga ein sehr wichtiger Nutzen für das praktische Leben.

Yoga bedeutet Konzentration.

Stufe 7

Meditation

Meditation ist der Weg zur eigenen inneren Mitte. Es gibt sehr viele Möglichkeiten der Meditation – aber das Ziel ist immer das gleiche. Meditation ist der natürliche Weg zum Selbst. Das Selbst kann man nicht aus sich herausstellen und beobachten und analysieren, weil wir das Selbst selber sind. Wir können das Selbst nur selbst in uns erleben. Der natürliche Weg dazu ist die Meditation. Durch Meditation entwickeln Sie außerdem ein meditatives Bewußtsein für Ihr Leben, das zu heiterer Gelassenheit, Harmonie, Lebensfreude sowie zu Kreativität und Inspiration führt. Schließlich lernt man durch diesen natürlichen Weg nach innen, sein Leben durch das eigene Selbst von innen nach außen zu meistern.

Stufe 8

Einssein

Diese Stufe ist das Ziel des höheren geistigen Yoga und heißt im Sanskrit »Samadhi«, was etwa soviel bedeutet wie »Einssein«. Die Fähigkeit des »Einsseins« ist ebenfalls sehr wichtig für das praktische Leben. Niemand kann es ohne diese Fähigkeit zur Vollkommenheit bringen. So ist Michael Schumacher eins mit seinem Formel-1-Rennwagen – aber auch der Dirigent mit seinem Orchester oder der Pianist mit seinem Klavier. Vollkommenheit kann man nicht allein mit dem Kopf erreichen, sondern man braucht dazu die Fähigkeit des Einsseins, die sich durch geduldige Übung und Konzentration entwickelt. Auch das Einssein mit Menschen ist wichtig, sonst gibt es keine wirkliche Kommunikation und kein wahres Verstehen. In den höheren Führungsebenen bezeichnet man den Idealzustand kreativer Tätigkeit auch als »Flow«. Das ist ein Zustand, in dem Denken und Tun eins werden. Man sieht: Durch diese Stufe des Yoga können viele praktische Fähigkeiten des täglichen Lebens entwickelt, verbessert und zur Vollkommenheit geführt werden – wenn auch das Ziel des höchsten geistigen Yoga noch weiter geht, nämlich zum Einssein mit dem göttlichen Bewußtsein in der Schöpfung. Das ist jener Zustand, den unsere Mystiker als »Unio mystica« bezeichnet haben.

Von »Flow« bis »Unio mystica« ist im Yoga alles möglich. Jeder kann sein Ziel selbst bestimmen – unabhängig von jeder Weltanschauung.

Mit sieben Übungen zu vollkommener Entspannung

Ich habe Ihnen hier einfache Yoga-Übungen ausgesucht, die Sie jederzeit und überall durchführen können. Wenn Ihr Interesse für Yoga durch diese Zeilen geweckt wurde und Sie Yoga genauer kennenlernen wollen, sollten Sie Yoga-Kurse in einer Yoga-Schule oder in der Volkshochschule besuchen. Da die Vermittlung des Yoga-Systems eine verantwortungsvolle Aufgabe darstellt, sollten Sie sich am besten

einem im traditionellen Yoga ausgebildeten Yoga-Lehrer oder einer Yoga-Lehrerin anvertrauen. Auskünfte darüber bekommen Sie am besten beim Bund Deutscher Yogalehrer e. V. (Internet: www.yoga.de).

1. Entspannung

Auf dem Rücken liegen, die Handflächen nach oben legen in der Haltung des Loslassens. Den Körper lockerlassen und sich fallenlassen und erleben, wie Sie vom Boden getragen werden ...

»Ich lasse alles los, was mich reizt, was mich unzufrieden und unglücklich macht ...« (Text siehe Seite 126).

»Ich bin ruhig, ich bin friedlich, ich bin harmonisch – ich bin es bewußt.«

Sich dehnen und strecken. Sich Zeit lassen und sich dann langsam aufsetzen.

2. Dreiteilige Yogi-Atmung

Diese Atmung sollten Sie gleichzeitig als Atem- und als Konzentrationsübung durchführen, um das Bewußtsein für die Atmung in den verschiedenen Atemabschnitten zu wecken und zu entwickeln.

- **Bauchatmung:** Die Hände auf den Bauch legen. Konzentration in Nabelhöhe. Und bewußt tief in den Bauch hinein gegen die Handflächen langsam, weich und fließend ein- und ausatmen (dreimal).
- **Flankenatmung:** Die Hände seitlich an die Rippen legen und ganz bewußt seitlich gegen die Hände atmen. Vor allem auch darauf achten, immer ganz auszuatmen (dreimal).
- **Lungenspitzenatmung:** Die Hände von unten nach oben auf die

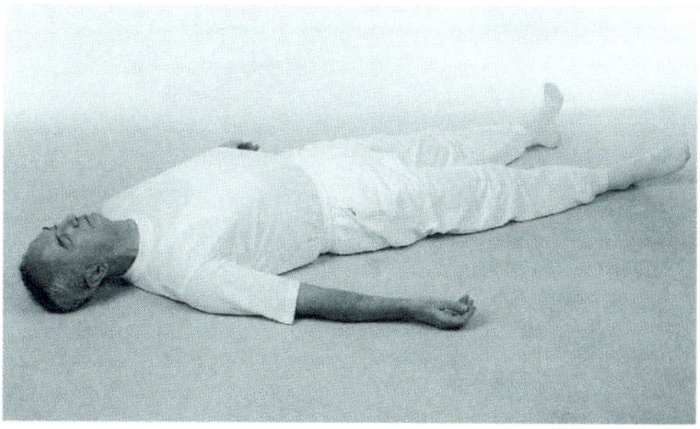

Auf dem Rücken liegen, die Handflächen nach oben legen in der Haltung des Loslassens. Den Körper locker lassen und sich fallenlassen und erleben, wie Sie vom Boden getragen werden.

Bauchatmung

Flankenatmung

Lungenspitzenatmung

Schlüsselbeine legen und konzentriert von unten nach oben in die Lungenspitzen hineinatmen (dreimal).

3. Vollständige Yogi-Atmung

Diese drei Atemabschnitte werden nun bei der Yogi-Vollatmung fließend miteinander verbunden, so daß sie nahtlos ineinander übergehen: Langsam, weich und fließend von unten nach oben ein- und ausatmen, ganz bewußt und konzentriert. Immer mit dem Bauch beginnen – ob sie ein- oder ausatmen (siebenmal).

Nun den Atem vergessen. Die Aufmerksamkeit in der Mitte der Brust sammeln: »Ich strahle Ruhe und Frieden aus wie eine Sonne, wo immer ich bin.«

Die Yogi-Vollatmung

4. Drehübung im Liegen

Ich möchte Ihnen nur eine einzige und einfache Übung zeigen, die etwas abgewandelt aus dem Hatha-Yoga stammt. Es ist eine ausgezeichnete Übung für die Wirbelsäule und für alle Nerven, die aus der Wirbelsäule kommen und alle Organe und Gewebe mit Nervenenergie versorgen. Durch diese Übung werden Blockaden in der Wirbelsäule und Verspannungen der Wirbelsäulenmuskulatur abgebaut und gelöst. Die Wirbelsäule wird auf diese Weise neu justiert, elastischer gemacht und stabilisiert. Außerdem werden die linke und die rechte Körperhälfte aufeinander abgestimmt und miteinander in Einklang gebracht. Normalerweise lebt ein Rechtshänder

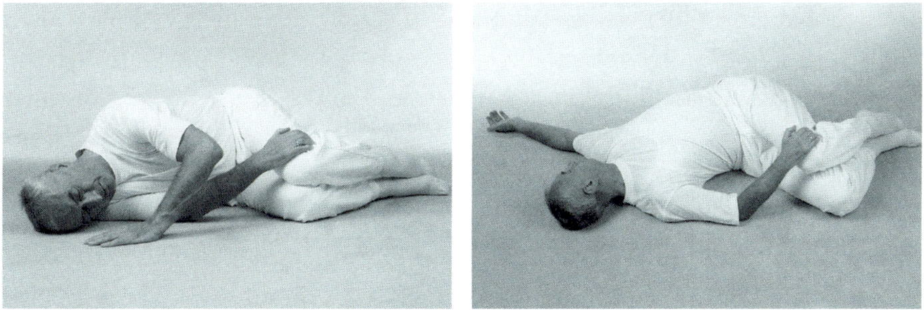

Drehübung im Liegen nach links

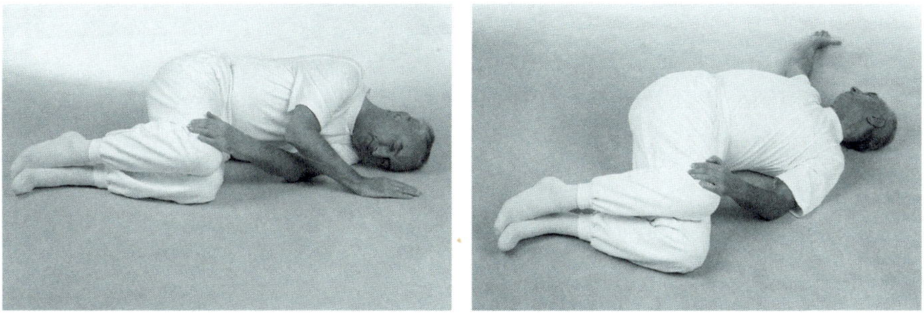

Drehübung im Liegen nach rechts

wegen des Überwiegens der linken Gehirnhälfte bewußt mehr in der rechten Körperhälfte, so daß auch ohne Wirbelsäulenbeschwerden eine gewisse Disharmonie zwischen den beiden Körperhälften besteht. Wenn man diese ausgleicht und die Körperhälften wieder harmonisch miteinander in Einklang bringt, erzeugt man ein inneres Gleichgewicht, das von innen heraus die Entspannung fördert und erleichtert. Die Übung geht folgendermaßen:

Sich auf die rechte Seite legen. Die Beine leicht anziehen. Die rechte Hand auf das linke Knie, die linke Hand vor dem Gesicht auf den Boden legen. Nun mit der rechten Hand das linke Knie festhalten und sich mit dem linken Arm in einem weiten Bogen nach links drehen. Auch der Kopf dreht sich mit nach links. Auf diese Weise wird die ganze Wirbelsäule aufgedreht und neu justiert. Die Augen schließen, im Körper sein, die Muskulatur entlang der gesamten Wirbelsäule lockerlassen – und in die rechte Flanke hineinatmen (etwa 10 bis 12 Atemzüge). Dann mit dem linken Arm langsam zurückkommen. Sich auf den Rücken legen und sich entspannen (etwa zwei bis drei Atemzüge).

Sich dann auf die linke Seite legen. Die Beine leicht anziehen. Die linke Hand auf das rechte Knie, die rechte Hand vor dem Gesicht auf den Boden. Nun mit der linken Hand das rechte Knie festhalten und sich mit dem rechten Arm in einem weiten Bogen nach rechts drehen und auch den Kopf nach rechts drehen. Die ganze Wirbelsäule aufdrehen. Die Augen schließen, im Körper sein, die Muskulatur entlang der gesamten Wirbelsäule lockerlassen – und in die linke Flanke hineinatmen (etwa 10 bis 12 Atemzüge). Dann mit dem rechten Arm langsam zurückkommen. Sich auf den Rücken legen und sich kurz entspannen (etwa zwei bis drei Atemzüge).

Und dann diese Übungen noch einmal wiederholen – und sich dann entspannen (etwa zwei bis drei Minuten). Die Wärme in der Wirbelsäule spüren bis hinauf zum Kopf und innerlich geistig wiederholen: »Mein ganzes Nervensystem ist voll mit Lebenskraft!« Sich danach langsam wieder aufsetzen und für die nächste Übung eine gerade Sitzhaltung einnehmen.

5. Pendelatmung

Die Pendelatmung bringt Sie rasch ins innere Gleichgewicht (weil Sie durch diese Atmung die linke und die rechte Körperhälfte aufeinander abstimmen) und fördert Ihre Konzentration (weil Sie Ihre Aufmerksamkeit im Punkt zwischen den Augenbrauen sammeln). Die Übung geht folgendermaßen:

Eine gerade Sitzhaltung einnehmen. Den Zeigefinger und den Mittelfinger an der Stirne abstützen. Den Daumen an den rechten Nasenflügel, den Ringfinger an den linken Nasenflügel legen. Nun mit dem Daumen das rechte Nasenloch durch Druck auf den rechten Nasenflügel schließen. Durch das linke Nasenloch einatmen und konzentriert dem Atemstrom geistig folgen, vom Eintritt in die Nasenmuscheln bis hinauf zum Punkt zwischen den Augenbrauen. Den Atem kurz anhalten (ein bis zwei Sekunden) und dann langsam durch das rechte Nasenloch ausatmen. Dann durch das rechte Nasenloch wieder einatmen und dem Atem konzentriert geistig folgen,

Pendelatmung

vom Eintritt in die Nasenmuscheln bis hinauf zum Punkt zwischen den Augenbrauen. Den Atem wieder kurz anhalten (ein bis zwei Sekunden) und dann langsam durch das linke Nasenloch ausatmen.

Immer weiter auf diese Weise atmen (links ein – rechts aus, rechts ein – links aus, links ein – rechts aus usw.) und dem Atemstrom geistig folgen bis hinauf zum Punkt zwischen den Augenbrauen, etwa siebenmal. Wenn Sie das siebte Mal mit dem linken Nasenloch ausgeatmet haben, die Hand sinken lassen, im Punkt zwischen den Augenbrauen konzentriert bleiben und das innere Gleichgewicht erleben.

6. Stille-Übung

Im Punkt zwischen den Augenbrauen konzentriert bleiben – und abschalten und an nichts denken.

Die innere Stille erleben (einige Minuten).

Anmerkung: Wenn Sie diese Stille-Übung über einige Minuten hinaus ausdehnen (fünf bis zehn Minuten), geht sie allmählich in Meditation über.

Sie können dabei aber auch folgende Übung machen: Still mit gerader Wirbelsäule sitzen, im Punkt zwischen den Augenbrauen konzentriert sein und gedanklich die Worte »Ruhe, Frieden, Harmonie« ständig wiederholen und spüren, wie die Impulse durch den ganzen Körper strömen (fünf bis zehn Minuten).

7. Entspannung

Sich dann wieder auf den Boden legen und sich nochmals vollkommen entspannen. Den Körper lockerlassen und sich fallenlassen und erleben, wie Sie vom Boden getragen werden.

»Ich bin ruhig, ich bin friedlich, ich bin harmonisch – ich bin es bewußt.«

Danach: Sich dehnen und strecken. Sich dabei Zeit lassen und sich dann langsam aufsetzen.

So, jetzt sind Sie körperlich und geistig fit – ruhig und gelassen, wach und bereit für den Alltag!

Stille-Übung

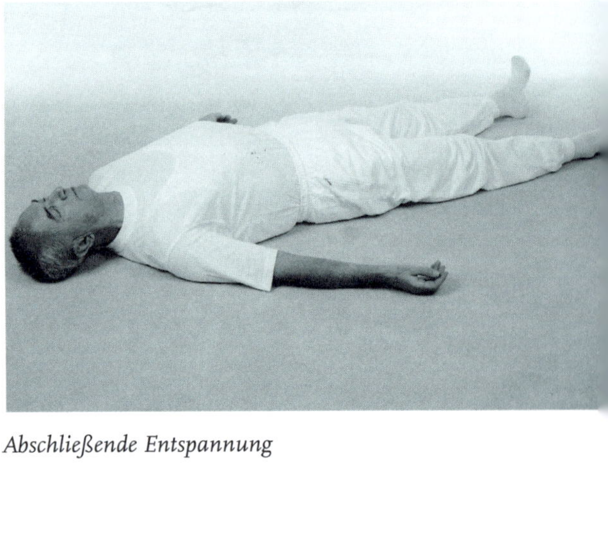

Abschließende Entspannung

Sachwortregister

Literatur

Eccles, John C.: Das Gehirn des Menschen. Piper, München 1990
Eccles, John C.: Wie das Selbst sein Gehirn steuert. Piper, München 1996
Goller, H.: Das Rätsel von Körper und Geist. Primus Verlag, Darmstadt 2003
Hennig, M.: Autogenes Training – Ruhe und Kraft im Alltag. Knaur Ratgeber Verlage, München 2003
Heufelder, A. E., und W. P. Bieger: Das Anti-Aging Konzept. Gräfe und Unzer Verlag, München 2001
Hollmann, W., und Th. Hettinger: Sportmedizin – Grundlagen für Arbeit, Training und Präventivmedizin. F. K. Schattauer Verlagsgesellschaft, 4. Aufl., Stuttgart 2000
Jacobi, G., H. K. Biesalski, U. Gola, J. Huber und F. Sommer (Hrsg.): Kursbuch Anti-Aging. Georg Thieme Verlag, Stuttgart/New York 2004
Jacobson, E.: Entspannung als Therapie – Progressive Relaxation in Theorie und Praxis. Pfeiffer bei Klett-Cotta, 5. Aufl., Stuttgart 2002
Konopka, P.: Gut drauf sein. Hirzel Verlag, Stuttgart 2002
Konopka, P.: Krebs, Immunsystem und Ernährung. WVG Wissenschaftliche Verlagsgesellschaft, Stuttgart 2003
Langen, D., und K. Mann: Autogenes Training. Gräfe und Unzer Verlag, München 1999
Popper, K. R., und John C. Eccles: Das Ich und sein Gehirn. Piper, München 1985
Roth, G.: Aus Sicht des Gehirns. Suhrkamp, Frankfurt a. M. 2003
Sheldrake, R.: Das schöpferische Universum. Ullstein Verlag, Frankfurt a. M. 1993
Sheldrake, R.: Das Gedächtnis der Natur. Scherz Verlag, Frankfurt a. M. 1998
Strunz, U.: Forever Young. Gräfe und Unzer Verlag, München 1999
Trökes, A.: Das große Yoga-Buch. Gräfe und Unzer Verlag, München 2000
Zeitschrift Gehirn & Geist, Spectrum der Wissenschaft Verlagsgesellschaft. Das Manifest. Heft Nr. 6, 2004

Wichtiger Hinweis
Die Ratschläge in diesem Buch sind vom Autor und dem Verlag sorgfältig erwogen und geprüft. Sie bieten jedoch keinen Ersatz für kompetenten medizinischen Rat. Jede Leserin und jeder Leser ist für sein eigenes Handeln selbst verantwortlich. Alle Angaben in diesem Buch erfolgen daher ohne jegliche Gewährleistung oder Garantie seitens des Verlages oder des Autors. Eine Haftung des Autors bzw. des Verlages und seiner Beauftragten für Personen-, Sach- und Vermögensschäden ist ausgeschlossen.

Bildnachweis
Archiv Econ 113; Frank Boxler 144 u.; Corbis 29, 93, 94, 95; Getty 99; imagesource 10, 43, 46, 54, 61, 68, 83, 98, 133; Peter Konopka 11, 14, 15, 20, 30, 31, 32, 37. 39, 47, 68, 69, 70, 79, 81, 86, 89, 102, 112, 120, 129, 135, 136, 137, 139, 140, 144 o.; Photosearch 108; Wolfgang Schedler 72; Zefa 49, 76, 116

1. Auflage 2005
Econ ist ein Verlag der Ullstein Buchverlage GmbH
ISBN 3-430-15499-5

Umschlaggestaltung: init, Büro für Gestaltung, Bielefeld
Layout: Katharina Schweissguth
Gesetzt aus der Scala Serif und Scala Sans
bei LVD GmbH, Berlin
Druck und Bindung: Druckerei Uhl, Radolfzell
Printed in Germany

Dr. Peter Konopka, Jahrgang 1940, ist Internist, Sportmediziner und Yogalehrer. Er war viele Jahre Oberarzt im Zentralklinikum Augsburg, einem Krankenhaus der höchsten Versorgungsstufe. Außerdem war er zwölf Jahre Mannschaftsarzt der deutschen Rad-Nationalmannschaften der Straßenradrennfahrer und Querfeldeinfahrer bei insgesamt 16 Weltmeisterschaften. Schließlich war er selbst aktiver Radrennfahrer und setzte sich sehr intensiv mit den Möglichkeiten der Leistungsförderung durch richtiges Training und richtige Ernährung sowie der Regeneration nach Belastungen auseinander. Durch Radweltmeister Rudi Altig und seinen Trainer Karl Ziegler kam er zum Yoga. Nach seiner Ausbildung zum Yogalehrer unterrichtet er zusammen mit seiner Ehefrau Yoga und Entspannung in seiner eigenen Yoga-Schule in Augsburg. Seine Erfahrungen gibt er in Vorträgen, Seminaren und als Sachbuchautor weiter. Seine Bücher über Radsport und Sporternährung sind Bestseller. Außerdem hält er Vorträge und Seminare über Gesundheit und Fitneß sowie über Streßmanagement und Entspannung.
www.konopka-dr.de

Ulrich Strunz, Jahrgang 1943, Internist und Orthomolekularmediziner, entwickelte das Forever-Young-Erfolgsprogramm für geistige und körperliche Höchstleistung. Über zwei Millionen »Forever-Young«-Bücher wurden verkauft. Er gehört in seiner Altersklasse zur Weltspitze der Ultra-Triathleten. In Vorträgen und Seminaren begeistert er Jahr für Jahr Zehntausende von Menschen – und führt sie in ein neues, gesundes Leben.
www.strunz.com